(Conserver la couverture)

LA THÉORIE MODERNE DU CAPITAL

ET

15739

LA JUSTICE

PAR

Henri SAVATIER

Docteur en Droit

PARIS

Ancienne Maison GAUME et Cie

X. RONDELET et Cie, Editeurs

3, Rue de l'Abbaye, 3

1898

Tous droits réservés

1739

LA THÉORIE MODERNE DU CAPITAL

ET

LA JUSTICE

PAR

Henri SAVATIER

Docteur en Droit

PARIS

Ancienne Maison GAUME et Cie

X. RONDELET et Cie, Editeurs

3, Rue de l'Abbaye, 3

1898

Tous droits réservés

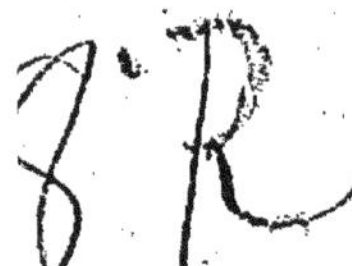

AVANT-PROPOS

Nous réunissons en un volume la série d'articles parus dans la Revue : l'*Association catholique*, du mois d'octobre 1895 au mois de décembre 1897.

Le but de l'étude, ainsi poursuivie pendant deux années, a été de scruter les problèmes de justice soulevés par les nouveautés du capital moderne et d'en rechercher les solutions à la lumière des principes traditionnels de la philosophie chrétienne.

Nous somme convaincu que, dans ce retour à la doctrine chrétienne, se trouvent les solutions vraiment rationnelles des questions sociales contemporaines.

On s'en formera une première idée par un rapide aperçu sur la nature du trouble social actuel.

— Deux grands courants philosophiques se partagent et se disputent le monde moderne. L'un est le matérialisme qui fait de l'individu son propre souverain et déifie en quelque sorte l'humanité. L'autre est le spiritualisme, toujours portant l'empreinte de la foi chrétienne. Ces deux courants ont des aboutissements logiques vers lesquels ils tendent à entraîner l'état social et l'organisation de la richesse. Le matérialisme humanitaire conduit le philosophe à proclamer pour tous le *droit égal au bonheur*, il inspire aux foules de réclamer la part conforme à ce droit. Le spiritualisme chrétien conduit à proclamer, entre tous les hommes, la *fraternité* d'origine et de fin ; en même temps qu'il donne à la foule des déshérités le point d'appui de l'aspiration vers une amélioration de leur sort, il persuade aux chrétiens sincères des classes favorisées d'écouter ces vœux, de se prêter aux réalisations de la fraternité. Les deux courants se réunissent donc pour pousser à une transformation sociale, pour produire le mouvement de réaction que nous avons sous les yeux, contre l'état social créé par les libertés égoïstes concédées au capital moderne.

Ce mouvement se heurte à des forces de résistance qui se sont développées, pour la conservation de l'état capitaliste et libéral actuel, dans les deux systèmes philosophiques. L'opportunisme ici, et là le conservatisme désignent un ensemble de résistances, illogiques à certains égards, mais fort puissantes. Leurs tenants appuient l'opposition aux conséquences des doctrines philosophiques favorables aux classes populaires, sur leur situation prépondérante dans l'industrie, le commerce et la finance, sur leur intelligence et leur succès, sur la prospérité acquise et l'incompatibilité des réformes prônées avec l'ordre des faits. Bien peu cependant oseraient se dire ouvertement partisans du retour de la civilisation vers un plus grand asservissement de la multitude à leurs intérêts. Le résultat est un état de lutte et un état antiphilosophique, état intenable qui n'a de sortie honorable que par un mouvement en avant de la civilisation. Mais de quel côté faut-il aller pour procurer le bien social ?

La comparaison entre les aboutissements des deux courants philosophiques de transformation sociale ne peut laisser de doute.

L'évolution vers les solutions socialistes est inacceptable. Par son égalitarisme, elle émane à la destruction de l'organisme social. Le socialisme renferme d'ailleurs une contradiction philosophique : il n'existe pour l'individu souverain aucune raison de se soumettre aux lois sociales lorsqu'il les juge contraires à son intérêt ou à ses passions; la liberté et l'égalité révolutionnaires ont entre elles une opposition irréductible. Le régime socialiste apparait fait de violences, de désordres, d'illusion mensongère ; on peut dire que tel est, à son endroit, le sentiment général partagé même par beaucoup de ceux qu'il attire.

Les solutions chrétiennes de la question sociale sont bien différentes. Elles ne supposent aucune destruction de l'organisme vital de la société ; la fraternité se concilie avec la hiérarchie nécessaire en faisant concourir celle-ci au bien de tous et spécialement à l'avantage des moins favorisés. La doctrine sociale chrétienne ne contient aucune contradiction philosophique, elle a en elle les mobiles logiques qui déterminent aux sacrifices des passions et de l'intérêt personnel voulus par l'état social. Aussi bien pour la constitution essentielle de l'humanité que pour l'évolution progressive de la société, la théorie sociale chrétienne est parfaitement logique, basée sur la finalité du genre humain qui sert d'appui à la justice.

— La philosophie chrétienne a patiemment élaboré une science de la vie sociale qui regarde tous les temps. Elle a posé les règles fondamentales d'une économie des richesses où l'activité de l'homme est dominée par la loi morale.

Nous avons cherché à déterminer quelques-unes de ces règles sous une forme précise, en rapport avec l'état contemporain des mœurs et des esprits, afin de les remettre en honneur et de les appliquer à la solution des problèmes de justice du capital moderne.

Nous nous sommes attaché particulièrement à pénétrer l'essence des anciennes condamnations contre l'injustice usuraire, qui ont été si décriées et étonnent tant aujourd'hui. On y découvre cependant les principes les plus justes sur la propriété, le travail et les contrats. Pour la prospérité de la société moderne et pour l'avancement de la science économique, il convient ici d'écouter le conseil du fabuliste, de creuser, de fouiller ce champ des vieilles doctrines économiques chrétiennes : « un trésor est caché dedans ».

CHAPITRE I

L'ÉCONOMIE POLITIQUE ET L'ÉCOLE SOCIALE CATHOLIQUE

Ce qui frappe dès le premier examen comparatif, c'est la différence de point de vue entre la science nouvelle de l'Economie politique et l'étude des questions économiques par l'école catholique de jadis ou d'aujourd'hui. Pour les économistes, le point de vue descriptif l'emporte, la préoccupation dominante est celle de l'observation des faits, de l'analyse des phénomènes auxquels donne lieu le développement de l'activité humaine dans ses rapports avec la richesse. Pour les catholiques, c'est le point de vue moral et juridique qui attire surtout l'attention, la préoccupatipn dominante est celle des droits et des devoirs, celle du juste et de l'injuste dans l'ordre des biens matériels.

La plupart des économistes définissent leur science en reproduisant, avec quelques variantes, le sous-titre du traité de Jean-Baptiste Say qui fait de l'économie politique : « la « simple exposition de la manière dont se forment, se dis« tribuent et se consomment les richesses ». Dans le précis publié par M. Paul Leroy-Beaulieu, l'économie politique est définie : « la science qui recueille, par l'observation, « les règles générales auxquelles sont soumises la produc« tion, la distribution, la circulation et la consommation « des richesses. » L'économie politique nous est donc présentée comme une science descriptive de l'évolution de la liberté humaine.

Les théories économiques émises par les docteurs chrétiens du moyen-âge marquent au plus haut degré la différence dont nous parlons : « La morale économique, dit « M. Victor Brants dans le bel ouvrage récemment publié (1), « voilà la grande leçon de l'étude économique du Moyen-« Age. » C'est à cette leçon que sont fidèles les sociologues catholiques qui de nos jours entendent suivre les doctrines traditionnelles de l'Eglise sur les richesses. La tendance générale de tous les écrivains catholiques, en traitant les sujets économiques, est de mettre au premier plan les questions de morale et de justice, de discuter moins l'évolution de la liberté que les règles morales de la liberté ou tout au moins la justice de la liberté même.

Justifier la liberté chère aux économistes, telle a été la préoccupation des catholiques de l'école libérale : « Avant « tout, écrivait l'un d'eux (2), je me suis attaché à enlever à « l'économie politique le cachet antichrétien ». Objectif louable, mais qui ne se concilie guère avec cette proposition affirmée par le même auteur : « l'économie politique prouve que « les lois suivant lesquelles la richesse se distribue natu-« rellement, *quand le jeu des intérêts est libre*, sont les plus « équitables qu'il soit possible d'adopter. » Nous croyons que les catholiques de cette école, s'ils ont eu raison de porter leur attention sur la méthode d'observation de l'économie politique moderne, ont payé un trop grand tribut aux illusions et aux faussetés de cette science nouvelle.

*
* *

Une illusion des économistes dans les prémisses de leur science est de prétendre les établir en faisant abstraction de la morale, d'une façon *amorale*, suivant l'expression employée

---

(1) *Les Théories économiques aux XIIIe et XIVe siècles.*
(2) De Metz-Noblat : *Cours d'économie politique* avec introduction par M. Claudio Jannet. Préface.

dans une séance de la Société d'Economie politique (1). Il est inexact de tous points que les principes de la science qui envisage les richesses puissent s'établir en dehors de la morale comme par exemple les lois de la physique, il est inexact encore de se borner à dire que l'économie politique peut vivre à côté de la morale d'une façon indépendante, en faisant *bon ménage*, mais *sans s'asservir à elle* (2). Au contraire cette science suppose d'une façon inéluctable, à son point de départ, des principes extérieurs tirés de la morale et du droit. En effet, les richesses se produisent, se distribuent et se consomment d'une manière très différente suivant les règles d'ordre moral et juridique admises par la société, suivant par exemple que la société reconnaît la servitude ou la liberté personnelle, la communauté ou l'appropriation privée des biens. Cela est si vrai que les économistes font dater la naissance de leur science de l'époque récente où furent consacrés les principes modernes de liberté et de propriété. Il est manifeste que l'économie politique ne peut pas faire abstraction de la morale, qu'elle a nécessairement sa morale vraie ou fausse, qu'elle est elle-même fort différente suivant les principes de morale et de droit qu'elle reconnaît.

La vérité est que l'économie politique moderne a tiré ses prémisses d'un système philosophique et moral, celui dont Kant fut l'initiateur et que la Révolution française a fait triompher dans l'ordre social. Sous l'empire de ce système, comme l'écrivait M. Decurtins au début de sa lettre magistrale à M. Veraeghen (3): « le principe de l'*autonomie de l'in-« dividu* a formé la clef de voûte du régime social ». Les principes supposés hors de conteste par l'économie politique moderne sont ceux de ce *droit nouveau* dont parle l'Encyclique *Immortale Dei*, droit qui déifie l'homme en rejetant toute fin supérieure, qui proclame la souveraineté indivi-

---

(1) Décembre 1893.
(2) Paul Leroy-Beaulieu, *Précis d'économie politique*. Introduction.
(3) Août 1895. V. le journal l'*Univers* du 3 septembre 1895.

duelle et l'excellence de la liberté considérée comme son propre but à elle-même. C'est d'après ces principes que l'économie politique conçoit et définit les *deux données* d'ordre moral et juridique qui servent de point de départ à toutes ses déductions, la *liberté* et la *propriété* : il est à retenir que les économistes ont *une façon à eux d'entendre ces deux données.*

Les idées philosophiques et morales qui ont prévalu à la fin du siècle dernier fournissent ainsi l'explication de la structure de la science économique moderne. L'école anglaise devenue classique a fait de l'économie politique : la science du jeu de l'intérêt personnel agissant avec la liberté la plus illimitée et garanti par la propriété. L'intérêt personnel est la grande force motrice dont on étudie l'action, force sacrée dont les lois civiles doivent délier les entraves. Comprise de cette façon, l'économie politique a nécessairement une forme matérialiste, elle se montre purement descriptive d'une évolution ; en dehors de son fondement sur l'autonomie humaine, elle n'a plus de compte à rendre à la morale et au droit. La philosophie d'où elle procède, en rejetant l'idée d'une finalité supérieure à l'homme, a enlevé tout terrain pour établir le droit d'autrui et démontrer l'obligation de le respecter à l'encontre de la suprématie de l'intérêt personnel. L'axiome de la science est que la liberté se suffit à elle-même.

Il est facile de constater que les nouvelles doctrines économiques ont inspiré la législation au cours du siècle qui finit. L'intervention du pouvoir dans la sphère où se meuvent et se rencontrent les intérêts individuels a été éliminée comme attentatoire à la liberté. La fameuse formule *laissez faire, laissez passer* a rendu le rôle du Pouvoir purement négatif et a réduit son action théorique à écarter les désordres matériels qui peuvent troubler la coexistence des libertés. La législation et les mœurs ont conspiré ensemble pour ne juger condamnables que les rapines et les violences extérieures. En dehors de là, sous le nom de liberté des conventions, la tendance a été de consacrer toutes les manifestations des volontés individuelles, quelles qu'elles soient. Notre droit et notre jurisprudence sont hostiles aux rescisions de contrats pour vices du consentement, ils veulent ignorer la violence morale, le dol, l'erreur, les abus de force ou de ruse ; de moins en moins ils consentent à reconnaître les caractères constitutifs de l'escroquerie et des manœuvres frauduleuses. On juge ces faits comme simples fatalités de l'évolution, comme incidents de la concurrence et de la lutte dite pacifique entre les forts et les faibles. Notre droit, en matière de rescision des contrats, et de redressement du dol, est bien plus fermé à l'idée d'une justice supérieure que ne le fut le Droit Romain. Cette méconnaissance de l'équité et ce pharisaïsme légal ont des conséquences d'autant plus graves que le domaine des contrats libres s'est singulièrement agrandi depuis que le travail esclave a cédé la place au travail libre. La neutralité du Pouvoir public dans ces rapports créés par le contrat de travail entre forts et faibles, où les abus sont si faciles, est devenu le plus vif sujet de réclamations contre la falsification de la liberté par le libéralisme économique.

Les économistes qui ont voulu réagir ont été fort embarrassés, car la plupart n'ont pas osé rompre avec la morale et le droit révolutionnaires fondés sur la souveraineté individuelle. Puis, ils ont été obligés de modifier profondément la constitution classique de la science par l'introduction de nouvelles données et par une considération moins exclusive du mobile de l'intérêt personnel.

A côté de l'école classique qui entend assurer la liberté des individus en supprimant toute limite au droit de jouissance privée du capital, s'est fondée l'école dissidente du socialisme qui s'inspire du même principe, mais prétend assurer la liberté des individus en supprimant l'appropriation privée du capital, envisagée comme une cause d'asservissement. Effrayés eux-mêmes du régime de contrainte qu'ils proposent, les auteurs socialistes présentent leur collectivisme comme un acheminement vers un idéal qui diffère peu de celui des anarchistes : le collectivisme, si l'on en croit M. Jaurès (1), « évoluera sans secousse vers le com« munisme libertaire ».

On voit à quelles théories économiques conduit l'erreur fondamentale du droit moderne qui nie ou ignore les fins de l'activité humaine et fait de l'individu son souverain maître à lui-même.

***

Une autre conception de l'humanité, une autre philosophie, une autre morale, un autre droit, ont inspiré les théories économiques de la tradition catholique. La fin suprême assignée à l'homme par la création divine est le fondement solide des droits et des devoirs. L'ordre social et ses institutions, le monde matériel et ses richesses existent pour cette fin. La liberté humaine, ainsi que les droits de l'homme vis-à-vis de ses semblables, reçoivent leur consécration et leur explication rationnelle du droit fondamental de tout homme à atteindre sa fin et à en trouver les moyens dans la création. La communauté de fin est la source efficace des obligations des hommes entre eux : tous ont le devoir de concourir à la fin commune, ce serait manquer à sa propre fin que d'entraver l'activité d'autrui poursuivant le même but, ou de ne pas observer envers les autres les devoirs prescrits par l'état social. Celui-ci est en effet nécessaire à l'acquisition de la fin : « La Providence a fait l'homme pour « s'unir à ses semblables, en une société tant domestique « que civile, seule capable de fournir ce qu'il faut à la per« fection de l'existence » (2). L'état social a un double objet :

---

(1) *Organisation socialiste*, par M. Jaurès, premier article dans la *Revue socialiste*. Mars 1895.

(2) Encyclique *Immortale Dei* : « Insitum homini natura est, ut in civili « societate vivat ; is enim necessarium vitæ cultum et paratum, itemque

aider les hommes à vivre selon la vertu et à se procurer les biens matériels suffisant à la vie; *vita virtuosa, bonorum sufficentia*, suivant les termes de la philosophie de saint Thomas. Le second de ces objets est d'ordre économique et nous fait voir la richesse subordonnée à la fin de la vie humaine.

On conçoit la genèse des idées de justice et des principes juridiques qui seront à la base de l'organisation économique. Les biens matériels que nous offre la nature ont pour but d'entretenir l'humanité, ils sont les moyens qui doivent permettre à tous les hommes de se procurer la suffisance matérielle de la vie. D'ailleurs, chacun a le droit d'user librement de son activité productrice, d'exercer sa faculté de droit naturel d'acquérir la propriété, d'appliquer à la matière son travail et d'en retirer les fruits. Mais, « Dieu n'a pas livré la « terre aux hommes pour qu'ils la dominassent confusément « tous ensemble » (1): toutes ces libertés et tous ces droits se rencontrent, ils se trouvent souvent en conflit, ils se heurtent au milieu de l'obscurité et des complications inhérentes à la marche de la production ; les uns se plaignent que dans les échanges et les contrats leurs droits fondamentaux sont violés par les autres. Il est de toute nécessité que la Société rétablisse l'ordre et fasse régner la justice, que des règles soient fixées et que des institutions régulatrices soient organisées. Règles et institutions, pour être établies justement, devront être coordonnées en considération de la fin commune, qui est la raison d'être de l'intervention sociale. La liberté dans l'ordre économique et le droit de propriété seront donc assujettis à des règles sociales, mais celles-ci étant conformes à la fin et à la véritable nature aussi bien de la

---

« Ingénii atque animi perfectionem cum in solitudine adipisci non possit, « provisum divinitus est ut ad conjonctionem congregationemque homi- « num nasceretur cum domesticam, tum etiam civilem, quæ suppeditare « *vitæ sufficentiam perfectam* sola potest ».

(1) Encyclique *Rerum novarum*.

liberté que de la propriété, on ne peut dire que ces deux biens s'en trouvent diminués.

Assurément, la science économique catholique admet la *liberté* et la *propriété*, mais elle a de l'une et de l'autre une conception toute différente de la conception individualiste adoptée par l'économie politique moderne.

Ayant à son point de départ d'autres principes et des données différentes ou profondément modifiées, la science économique catholique sera *autre* que la science économique du libéralisme moderne. Comme le dit fort justement M. Brants : (1) « Subordonner l'ordre économique à l'ordre « moral, soumettre l'activité industrielle de l'homme à la « considération du but final et général de tout son être, est « un principe qui a sur toutes les parties de la science de la « richesse une influence aisée à comprendre. »

L'interprétation conforme à la vérité que la tradition catholique donne à la liberté et à la propriété est la sauvegarde de ces deux données premières de l'économie politique ; autrement, comme l'a très bien vu Proudhon, elles ne peuvent manquer de périr sous les contradictions sociales. Cette interprétation est aussi la sauvegarde de la dignité humaine, elle seule la préservera d'être jamais sacrifiée.

La note caractéristique de cette doctrine, en opposition avec l'erreur fondamentale de la science économique moderne, c'est la conception de la fin de l'homme toujours maintenue dominante au dessus des manifestations de l'intérêt personnel. Ce puissant mobile n'est d'ailleurs nullement banni, mais il est « réglé par la loi de la fin » (2).

***

Est-ce à dire qu'il ne puisse se trouver un terrain de rap-

---

(1) V. Brants. *Les théories économiques aux XIIIe et XIVe siècles.*
(2) V. Brants. *Ibid.*

prochement entre la science économique de ce siècle et l'école de la tradition catholique ?

Il est facile de se rendre compte au contraire que ce terrain existe.

Les deux écoles admettent les données premières de la liberté et de la propriété ; elles pourront donc se rencontrer d'accord, là où leur interprétation différente de ces données ne les sépare pas, là où les suites de l'erreur fondamentale de l'individualisme se font moins sentir.

Au sujet de la liberté individuelle si fort prônée par l'école économique classique, on remarquera que l'école catholique professe elle-même le plus grand respect pour la liberté de l'activité individuelle. La fin de cette activité est placée au-dessus de celle de la société civile ; celle-ci a été instituée pour venir en aide aux individus, non pour les absorber, elle ne doit intervenir dans l'usage de leur liberté que s'il y a utilité manifeste.

Puis, comme nous l'avons dit, le mobile de l'intérêt personnel n'est pas banni, il reste légitime à la condition d'être réglé par la loi de la fin. La connaissance des manifestations de l'intérêt personnel conserve son importance. La méthode d'observation et les généralisations expérimentales de l'économie politique moderne ont formé un trésor de science pratique qui n'est pas à dédaigner. Il l'est d'autant moins que l'étude a porté sur les faits économiques et les mœurs de notre époque, sur notre état industriel et commercial, lequel tient de près aussi à notre état civil et politique. C'est assurément une fausse manière d'envisager le monde économique, que d'y considérer seulement le jeu des intérêts personnels ; c'est une erreur évidente de prétendre que ce jeu laissé à lui-même est harmonique ; mais il y a néanmoins dans le jeu des intérêts des tendances en harmonie avec les fins de l'homme, il importe au moraliste et à l'homme d'État de les connaître.

Tout en maintenant fermes ses principes rationnels et traditionnels, l'école sociale catholique peut gagner à chercher le terrain de rapprochement avec la science économique moderne ; elle acceptera avantageusement, pour l'étude des faits contemporains, la méthode d'observation, les généralisations, la terminologie même de l'économie politique. Dans ce rapprochement avec les vérités traditionnelles, la science économique aura encore plus à gagner ; entrer dans cette voie, comme nous le dirons un peu plus loin, est pour elle une nécessité de salut.

*
* *

L'intérêt d'un rapprochement entre la science économique et la tradition catholique apparaîtra mieux dans un premier aperçu des points de contact et des oppositions à propos de divers sujets particuliers.

— *La propriété,* suivant la doctrine de la tradition catholique, n'a pas le caractère d'absolutisme égoïste que lui a donné l'économie moderne. Dans la possession de la richesse, dans les multiples commutations et échanges de services auxquels elle donne lieu, celui qui détient le droit de propriété doit respecter les droits des autres hommes, la communauté de fin, la dignité et la fraternité chrétiennes qui les unissent les uns aux autres. La propriété est soumise à des devoirs de justice et de charité. Mais, cette façon d'entendre la propriété est la seule qui puisse en sauver l'institution. Dans les faits, comme dans la théorie, ce qui prête le plus au socialisme, c'est la conception libérale de la propriété. Au début de ses articles sur l'*Organisation socialiste*, M. Jaurès (1) a eu le soin de se donner l'avantage de définir la propriété d'après les principes de l'individualisme libéral ou radical : « le droit de détenir les moyens de production et

(1) Article cité.

« *de réduire les autres hommes à n'être que des instru-*
« *ments.* »

— *Le travail* personnel a été fort vanté par les économistes; beaucoup d'entre eux ne veulent pas reconnaître d'autre titre à la légitimité de la propriété. Le travail apparaît tenu en non moins grande estime par l'école catholique; elle en fait, sinon la base unique et première, du moins l'une des bases fondamentales de la propriété légitime. Il est remarquable que l'Encyclique de Léon XIII (1), dans la réfutation du socialisme, a tout particulièrement appuyé la défense de la propriété sur le droit de cause à effet possédé par le travailleur à l'égard du fruit de son travail. Mais, tandis que l'école économiste, bien vite oublieuse des belles paroles adressées aux travailleurs, sacrifie leurs droits et ravale leurs personnes au nom de la liberté des transactions, au contraire l'école catholique traditionnelle s'attache à toujours défendre dans les rapports sociaux les droits des travailleurs, elle condamne comme *usuraires* les manœuvres et les contrats prétendus libres par lesquels on dépouillerait autrui du fruit de son travail.

La *liberté des conventions* entendue à la façon des économistes dégénère en oppression des plus faibles, elle consacre les abus de la ruse et de la force. L'école catholique reconnaît sans difficulté dans cette liberté une manifestation respectable de l'activité humaine et l'un des moteurs de la prospérité économique, mais elle entend que la violation des droits essentiels des contractants et les vices du consentement résultant de la violence morale, de la fraude, de la misère, de l'ignorance, soient écartés de son existence.

La *concurrence naturelle et libre du commerce*, suivant l'expression de notre législation, est la prétendue règle d'harmonie du système individualiste. Telle que la comprend

(1) Encyclique *Rerum novarum.*

ce système, elle consiste à assurer le *laissez faire et le laissez passer* aux manifestations de l'égoïsme des intérêts. L'existence de cette concurrence naturellement harmonique est une utopie qui a entraîné les lois et la jurisprudence modernes en une foule d'erreurs pernicieuses dont les spéculateurs sans scrupules ont su tirer profit. De fait, on voit la concurrence illimitée engendrer l'accaparement et le monopole. Pour l'école sociale catholique, la concurrence naturelle et libre n'existe réellement que si la liberté est réglée et sauvegardée par des institutions sociales protectrices des droits essentiels de l'homme et de la loyauté des transactions.

La *valeur* des marchandises et du travail, les phénomènes de variation qu'elle présente, la loi dite de l'offre et de la demande avec ses fluctuations ont donné lieu à un groupement intéressant de remarques expérimentales par la science économique moderne, mais les principes rationnels sur la nature et la détermination de la valeur ont été laissés entourés d'obscurités, la science s'en est référée aux hasards de la concurrence et de la lutte pour la vie ; sa théorie de l'harmonie naturelle entre la valeur et le travail est tombée en discrédit devant les faits. Au contraire, les principes rationnels de ce sujet sont la grande affaire pour la science catholique traditionnelle. La valeur pour elle éveille avant tout une idée de justice : la juste valeur, le juste prix, le juste salaire, sont des idées essentielles aux commutations, tous les échanges sont régis par la loi de l'égalité des valeurs échangées. La valeur, suivant la tradition catholique, dépend en justice d'éléments supérieurs au jeu de l'offre et de la demande, elle dépend d'une appréciation sociale de l'utilité, du besoin commun réel, du rapport avec la nature et le but du travail dépensé ; la détermination pratique des valeurs doit être faite par une estimation de la communauté, sans spéculations d'accaparement ni monopoles d'intérêt privé ; l'*æstimatio communis* peut sans doute avoir pour intermédiaires la concurrence et le marché de l'offre et de la demande, mais elle ne se confond pas avec eux, elle n'existe qu'autant que la liberté, la sagesse et la réalité du jugement commun sont sauvegardées.

— L'*intérêt du capital* prohibé ou contenu par les défenses traditionnelles de l'enseignement catholique contre l'usure est un des sujets où le désaccord avec l'économie politique moderne s'est trouvé le plus flagrant, et a été le plus vivement dénoncé à l'opinion. Cependant il n'est pas douteux que la théorie courante,qui nous représente le capital comme essentiellement et indéfiniment productif d'intérêts, contient des erreurs; elle se heurte à des impossibilités mathématiques, elle aboutit à des dangers sociaux, elle est contredite par les faits: la composition des intérêts avec son monstrueux grossissement d'une part, et les combinaisons qui libèrent par amortissement d'autre part, les effets du jeu prolongé des placements à intérêts, la masse globale énorme de rentes qui pèsent sur le travail et sur le développement industriel, puis la baisse actuelle du taux de l'intérêt que les interprètes optimistes présentent comme signe de prospérité et d'harmonie alors que tout crie le contraire, l'oubli de la loi du travail par les capitalistes et leurs regrets devant les conversions de rentes et la difficulté des placements, l'élévation des fortunes de la ploutocratie moderne et la prolétarisation des masses, tout cet ensemble démontre que la théorie courante de l'intérêt du capital appelle une révision économique. Pour ce faire, il est permis de prétendre que la science économique aurait avantage à consulter l'ancienne doctrine sur l'usure, à rechercher sa nature essentielle et sa portée.

Nous en avons dit assez pour que l'on aperçoive quelle serait la portée des changements introduits dans la science économique par un rapprochement entre l'économie politique moderne et la tradition catholique.

*
* *

Dans la voie qu'elle a suivie jusqu'ici la science économique moderne a marché à la faillite. La succession des faits s'est chargée de nous montrer ses principes aboutissant à des antinomies.

L'école classique faisait reposer ses théories sur les données premières de la *liberté individuelle* et de la *propriété privée*. Or, que disent les plaintes qu'on entend s'élever de toutes parts ? Les classes laborieuses réclament contre l'*asservissement* et les classes possédantes contre l'*accaparement* ; c'est-à-dire qu'elles réclament contre la destruction de la liberté et de la propriété.

L'école dissidente du socialisme, qui prend prétexte de ces contradictions économiques pour développer ses doctrines, n'est pas plus heureuse, car elle se trouve dès le début en face d'une antinomie qui la condamne : elle prétend délivrer le travailleur et elle le prive de la propriété du fruit de son travail. C'est là le côté vulnérable que l'Encyclique de Léon XIII sur la question ouvrière a mis tout d'abord en lumière, avec une haute raison.

Voyons les faits de plus près. La leçon qu'ils donnent marque le changement des idées économiques et le besoin d'un retour vers les traditions conservées par la science catholique. La classe patronale aussi bien que la classe ouvrière sont entrées en lutte contre l'enchaînement économique qui produit de nos jours l'accaparement et l'asservissement : l'une et l'autre ont recours à l'organisation syndicale ; à côté des syndicats ouvriers pour la défense de la valeur du travail, se multiplient les syndicats patronaux pour régler la production et défendre la valeur des marchandises ; l'une et l'autre font appel au pouvoir, demandant ici l'intervention de lois protectrices du travail, et là, un régime protecteur de la production agricole et industrielle ;

le désaccord est flagrant avec les principes d'individualisme et de non-intervention de l'économie politique classique. Ce commencement de retour vers les principes du passé corporatif, vers ses pratiques appropriées aux nouveautés industrielles, doît préparer un changement plus essentiel sans lequel ses résultats ne sauraient être favorables : changement qui devra remettre en honneur et en vigueur les principes du passé chrétien sur la justice dans les rapports entre le capital et le travail, et qui seul pourra conjurer les dangers dont nous menace l'antagonisme social grandissant.

***

Le rapprochement dont nous avons indiqué le terrain entre l'économie politique moderne et la tradition catholique, montre la voie où la science économique pourra trouver le salut et reprendre le rang honorable qui lui appartient. Il lui faut, pour échapper aux contradictions qui la ruinent, revenir à l'idée de la fin supérieure de l'activité humaine, relever cette conception au-dessus des manifestations de l'intérêt personnel qu'elle doit dominer et régler. Il lui faut sans doute connaître de la façon la plus approfondie le jeu du mobile de l'intérêt personnel, mais que ce soit avant tout pour le remettre d'accord avec la morale, avec les devoirs et les droits légitimes de l'homme, là où l'égoïsme tend à l'en écarter. Sinon, comme l'a dit si justement Liberatore à propos de la question ouvrière, on devra dire d'elle, qu'elle est « scienza vana » (1), une science vaine.

Il n'est pas besoin d'exposer que le rapprochement dont nous parlons diffère sensiblement de ce qui a été tenté dans les travaux de l'école, d'ailleurs fort méritante, qui la première a commencé l'étude de l'économie politique moderne

(1) *Principii di Economia politica.* Parti II. Cap. V.

à un point de vue chrétien. Nous croyons que cette école a trop sacrifié à la thèse libérale suivant laquelle le droit public et la législation doivent s'inspirer des principes d'une neutralité morale ignorante des fins de l'homme, tout au moins dans les questions économiques, quitte à essayer de réparer le mal par l'intervention des considérations charitables dans l'ordre libre des rapports privés. Les doctrines économiques traditionnelles du christianisme ont été envisagées avec plus d'attention et de fidélité par l'école sociale catholique dont les principes nous ont guidé.

Dans l'esprit qui vient d'être marqué par cet article, nous nous proposons, en une série d'études subséquentes, de rechercher quelles seraient les conditions d'un accord ou d'un concordat, entre l'économie politique moderne et la tradition catholique, sur la théorie du capital.

CHAPITRE II

LE PROBLÈME DE JUSTICE DU CAPITAL MODERNE

§ I.

LA NOTE CARACTÉRISTIQUE DU CAPITAL MODERNE ET LES IDÉES TRADITIONNELLES DE JUSTICE.

C'est l'évidence que les idées sur la richesse ne sont plus à notre époque ce qu'elles étaient jadis. Les inventions mécaniques, les voies nouvelles ouvertes au commerce, la division du travail, la multiplication des échanges et le développement des affaires sur la base du crédit, nous ont fait un état économique nouveau, où la richesse mobilière occupe une place sans précédents. Le mouvement de circulation et les commutations nombreuses à travers lesquels se passe la production des richesses ont fait primer à nos yeux l'importance de ce facteur que nous nommons l'*argent*.

La justice a-t-elle été respectée dans le changement des idées sur la richesse?

Pour tout esprit qui ne fait pas fi des traditions de justice les plus certaines de la philosophie et de la théologie, il y a une raison d'en douter dans la contradiction radicale entre les idées nouvelles et les idées anciennes touchant le profit de l'argent.

Il ne s'agit plus aujourd'hui d'exceptions apportées aux condamnations prononcées contre le contrat de prêt à intérêt, flétri autrefois comme le type de l'usure. Il ne s'agit plus de ces titres extrinsèques dont l'application allait s'agrandissant, à mesure que la pratique du prêt d'argent paraissait nécessaire. Le prêt à intérêt n'est pas seulement devenu un contrat permis, il est devenu le *contrat-type*, si bien que toute richesse se présente à l'esprit sous le concept d'une certaine somme d'argent qui portera revenu à la volonté du propriétaire et au cours de l'intérêt. Aux yeux des économistes modernes, l'existence de l'intérêt de l'argent s'identifie avec l'existence même de la propriété : la « négation du prêt à intérêt » équivaut, disent-ils, à la « négation du droit de propriété » ; la propriété de toutes choses leur semble anéantie « si le possesseur d'une somme « d'argent n'a pas le droit de la faire fructifier et d'en tirer « un revenu (1). »

Le principe de la productivité de l'argent est ce qui donne au capital moderne *sa note caractéristique*. A l'aveu des défenseurs de l'économie politique classique, se joint l'opinion de ses adversaires.

Ecoutons Karl Marx, dans son chapitre sur la formule générale du capital : « La valeur, dit-il, devient progressive, « *argent toujours bourgeonnant, poussant et comme tel capital.* « Argent qui pond de l'argent, monnaie qui fait des petits, « — *money which begets money* — telle est la définition du « capital dans la bouche de ses premiers interprètes, les « mercantilistes (2) ».

Ecoutons l'école sociale catholique dans une thèse adoptée à Fribourg sur la nature du capitalisme moderne : « Ce sys- « tème, nous dit-on, suppose à tort que la valeur des choses, « séparée de leur substance, a, en elle-même, une utilité « économique et que, par conséquent, on peut tirer de cette « valeur séparée des choses un intérêt fixe ; tandis qu'au

(1) Baudrillart. Manuel d'Economie politique. 4e partie, ch. III. § 1.
(2) Karl Marx. Le Capital, ch. IV.

« contraire, considéré en lui-même, ce procédé a les traits « caractéristiques de l'*usure*, telle qu'elle est définie dans « le 5e concile de Latran, par Benoit XIV et les Pères de « l'Eglise... Ce système s'appuie sur *la considération de « l'argent comme producteur général et suprême qui fructifie « toujours* (1). »

Une telle conception du capital, une pareille réhabilitation de l'intérêt de l'argent, se heurtent à coup sûr aux leçons de sagesse et de justice suivies depuis l'antiquité jusqu'à nos jours.

La doctrine d'Aristote sur ce point est bien connue : « La « destination de l'argent, dit le philosophe, était de favoriser « l'échange des marchandises, mais l'intérêt fait avec de « l'argent plus d'argent... De toutes les manières d'acquérir, « c'est celle qui est le plus contre nature (2). »

Malgré l'excès des usures chez les Romains, les jurisconsultes ont toujours maintenu que la pureté du droit excluait l'intérêt de l'argent. Papinien s'exprime comme Aristote, il reconnait que ce genre de profit n'est pas naturel : « *Usura non natura pervenit* » (3). Le Digeste et les Institutes rangent l'argent parmi ces choses qui, d'après la raison naturelle, ne devraient pas porter de fruits : « *Hæ res, neque naturali « ratione, neque civili recipiunt usumfructum* »(4).

Les philosophes de Rome étaient encore plus explicites. Sénèque voit dans l'intérêt de l'argent une invention de la cupidité humaine, sans fondement dans le droit naturel, « *extra naturam* » (5). On connait le célèbre passage du

---

(1) Réunion internationale de Fribourg en 1887.

(2) Polit. L. I. Ch. 7.

(3) L. 62. D. De rei vind. (Et voir Domat. Lois civiles. Livre I. Tit. VI.

(4) Inst. De usufructu § 2 et D. L. 2. De usuf. earum re. quæ usu cons.) Voir aussi le texte cité par Saint Thomas 2a 2æ Qu. LXXVIII. Art. 1, ad. 3.

(5) De beneficiis, lib. 7, c. 10 : « Quid fœnus et Kalendarium, et usura, nisi humanæ cupiditatis, *extra naturam*, quæsita nomina? »

traité du *Devoir* où Cicéron s'unit à Caton pour comparer le *fœnus*, ou prêt à intérêt, à l'homicide : « *Cum ille qui quæsi-* « *erat, dixisset quid fœnerari? Tum Cato: Quid hominem, inquit* « *occidere?* » (1)

L'Ancien Testament, en de nombreux passages, a prohibé rigoureusement l'usure, c'est-à-dire tout intérêt de l'argent prêté : Seigneur, disent les psaumes, qui demeurera dans votre Tabernacle et qui reposera sur votre sainte montagne? Celui qui n'a point donné son argent à usure : « *qui pecuniam suam non dedit ad usuram* » (2). « Celui-là est juste, dit Ezé- « chiel, qui n'aura pas reçu plus qu'il n'a prêté : *Ad usuram* « *non commodaverit et amplius non acceperit* (3). »

Les pères de l'Eglise, interprètes de la morale évangélique, ne montrent pas moins de sévérité. Ils enseignent que l'Ecriture sainte n'a fait qu'exprimer les défenses du droit naturel contre l'usure : elles subsistent d'autant plus que Jésus-Christ n'est pas venu pour abolir l'ancienne loi mais pour lui donner sa perfection. Saint Basile, saint Grégoire de Nysse, saint Grégoire de Nazianze, saint Jean Chrysostôme, saint Ambroise, saint Jérôme, saint Augustin s'élèvent unanimement contre l'interêt de l'argent. « L'inté- « rêt du prêt est une rapine, dit saint Ambroise. Nos livres « saints condamnent en toutes sortes de choses la pratique « d'exiger plus qu'on n'a donné. L'usure est tout ce qui « s'ajoute au capital (4). »

« Tous les conciles, lisons-nous dans le catéchisme de « Guillois (5), ont enseigné la même doctrine et également « condamné l'usure. Les constitutions apostoliques, les

---

(1) Lib. 2. De officiis. 25.
(2) Ps. XIV. 5.
(3) Ezéchiel. XVIII. 8.
(4) Apud. Guillon. Bibliothèque des Pères. T. XX. p. 317. 318 — Cité par Guillois. V. ci-après.
(5) Guillois. Explication du catéchisme. T. II. Leçon XX.

« Conciles d'Elvire, d'Arles, de Nicée, de Carthage, de Lao-
« dicée, de Tours, d'Agde, d'Orléans, d'Aix-la-Chapelle, de
« Paris, de Pavie, de Reims, de Latran, d'Avignon, de Nar-
« bonne, d'Alby et de Sens, décrètent incessamment pendant
« les treize premiers siècles, que tous ceux qui prélèvent
« intérêt du prêt doivent être déposés, excommuniés,
« chassés de l'Eglise, privés des sacrements et de la sépul-
« ture ecclésiastique. »

Plus près de nous, au siècle dernier, où l'on pressent déjà les pratiques modernes, le pape Benoît XIV, dans l'Encyclique *Vix pervenit* (1), en même temps qu'il reconnaît la légitimité de certains titres ajoutés au prêt ou de certains contrats d'une nature différente, lesquels permettent de faire un placement avantageux d'argent, maintient que ce serait un faux principe de prétendre qu'il se trouvera toujours quelque titre ou quelque contrat autorisant à recevoir un intérêt modéré en plus de la restitution du capital (2).

Parmi nos anciens jurisconsultes français, les plus illustres et les plus sûrs, comme Domat et Pothier, ont porté les mêmes jugements que l'Eglise sur l'intérêt de l'argent.

En présence d'une tradition aussi suivie, comment ne pas accueillir avec beaucoup de défiance le revirement actuel ? Comment ne pas mettre en suspicion l'idée dominante du capital moderne qui nous présente toute richesse sous le concept d'argent productif d'intérêt?

Il est vrai qu'à notre époque, l'Eglise, sans abandonner les principes de jadis, a pris une position d'attente. Elle a

---

(1) En date du 1er novembre 1745.

(2) « *Sed illud animadvertendum est falso sibi quemquam persuasurum*
« *semper ac presto ubique esse vel unà cum mutuo, titulos alios légitimos, vel*
« *secluso etiam mutuo, contractus alios justos, quorum vel titulorum vel con-*
« *tractum præsidio, quotiescumque pecunia, frumentum, aliudque id generis*
« *alteri cuicumque creditur, totiès semper liceat auctarium moderatum ultra*
« *sortem integram salvamque recipere.* »

décidé d'user de tolérance vis-à-vis des pratiques légalement reçues, jusqu'à ce qu'une décision définitive intervienne, à laquelle les chrétiens doivent être prêts à se soumettre (1).

Mais, semblable incertitude du juste et de l'injuste ne peut être envisagée comme un état durable. La tolérance actuelle n'est pas un encouragement à demeurer l'esprit en repos dans le doute; elle est plutôt une invitation à faire tous les efforts pour sortir d'un doute insoutenable à une conscience droite, injurieux à notre temps. Il y va de l'honneur de notre foi et de l'honneur de la philosophie humaine, qu'un enseignement sur la richesse et sur l'argent, qui a été confirmé par des documents aussi considérables et par d'aussi hautes autorités, ne soit pas réduit à *rien ou presque rien*.

§ II.

ASPECT DU PROBLÈME DANS LES FAITS

La nature du problème soulevé et les raisons qui tiennent en suspens l'application des doctrines traditionnelles se comprendront mieux si l'on considère la situation dans les faits qui sont sous nos yeux.

Il apparaît qu'on ne peut se passer d'un changement dans les anciennes idées sur l'argent et que le changement intervenu est désastreux.

D'un côté, on n'imagine pas un retour à la stricte observation de la doctrine d'autrefois sur le profit de l'argent, sans redouter de suspendre la vie économique et de détruire la supériorité matérielle de notre civilisation. Les mœurs et les habitudes nouvelles paraissent, à bien des égards, irréductibles. Les réclamations populaires et les revendications de

---

(1) « *Non esse inquietandum quousque S. Sedes definitivam decisionem* « *emiserit, cui parati sint se subjicere* ». (*Responsio Sacræ Pœnitentiariæ 1832*).

justice elles-mêmes ne vont pas là où le changement a été le plus apparent.

D'un autre côté, c'est un fait incontestable que le divorce avec les traditions du passé n'a pas ouvert, devant les inventions du génie moderne, une voie d'harmonie et de prospérité. Notre monde est de plus en plus désolé par des crises économiques et par des crises sociales. On met en doute l'efficacité des machines à soulager le travail humain. Les forces productives centuplées sont fort loin d'avoir amélioré dans la même proportion le sort de l'humanité; il semble que nous soyons empêchés de tirer un bon parti de ces dons de la Providence et que nous soyons entraînés à les tourner contre leur but. Les nations les plus avancées nous offrent un spectacle contraire à la vraie civilisation : le prolétariat y absorbe le grand nombre des travailleurs, une misère irrémédiable pèse sur beaucoup, la population est arrêtée dans son essor. Cette puissance de l'argent qu'a élevée si haut notre espoir d'un progrès fécond, partout, stérilise et démoralise.

Tout indique que notre état économique et social est troublé par une violation profonde de la justice.

Il n'y a aucune raison d'incriminer, en lui-même le grand fait des découvertes modernes et de leurs applications industrielles. A ne consulter que les suites naturelles, la puissance merveilleuse du nouveau mode de production est destinée, dans les desseins providentiels, à l'accroissement de la famille humaine sur la terre, et en nombre, et en civilisation. Elle doit servir au progrès moral, en donnant les moyens et le temps d'augmenter la vie intellectuelle, en dégageant un peu l'homme du labeur et de l'inquiétude quotidienne de la vie matérielle, pour l'élever aux préoccupations de sa fin supérieure, à la considération des choses divines, suivant la mission sublime du christianisme.

On doit reconnaître aussi que des changements dans les anciennes conceptions économiques étaient indispensables à la mise en marche du nouveau régime industriel Il fallait apporter plus de facilité aux relations d'échange et répondre aux besoins de crédit qui naissaient d'un arrangement tout différent des instruments de la production et d'une circulation des produits jusqu'alors inconnue : tout ce fonctionnement appelait, pour l'animer, une conception généralisée de la valeur.

Mais, comment réaliser cette nouveauté d'accord avec la justice ?

Pour bien poser le problème qui ressort ainsi du fait contemporain, il convient de voir comment sont constituées la doctrine ancienne et la doctrine nouvelle sur le capital.

§ III.

STRUCTURE DE L'ANCIENNE DOCTRINE SUR LE CAPITAL

A. — Le caractère essentiel de l'ancienne doctrine sur le capital est d'avoir puisé son inspiration dans les principes de l'économie politique chrétienne, tels que nous les avons exposés au précédent chapitre. Cette doctrine est formée d'un ensemble de règles rationnelles qui déterminent *ce que doit être le capital* pour se trouver en conformité avec la nature du droit de propriété, avec le juste usage des richesses, avec les lois de la société humaine.

B. — L'ancienne doctrine a pour première base *la notion chrétienne de propriété.*

La philosophie chrétienne, nous l'avons dit, a répudié l'idée d'un droit empreint d'égoïsme barbare allant jusqu'à exclure les autres hommes du droit à la vie, elle a condamné la possession des richesses envisagée comme un moyen de satisfaire la passion effrénée de la jouissance ou de la domination. Sans doute, elle consacre avec la plus grande fermeté le respect dû au droit de propriété privée, droit issu du double titre originaire de l'occupation légitime et du travail personnel; mais elle maintient non moins fermement la nature morale de ce droit qui est un pouvoir de disposition réglé par la considération supérieure de la fin sociale et par conséquent en vue du bien commun. Elle oppose à la notion égoïste de la propriété, la définition de Saint Thomas : « *potestas procurandi et dispensandi* » (1). Si tel est le droit de propriété, on voit qu'il n'est pas, en son essence, le droit de chercher à obtenir, au moyen de sa chose, le plus haut profit personnel possible, surtout qu'il n'est en rien le droit d'exiger d'autrui, pour la remise qu'on lui fait d'un bien, telles conditions avantageuses que la force dont on dispose permet d'imposer. La propriété n'autorise pas à abuser du besoin d'autrui et à violer en contractant les droits des autres membres de la société humaine; au contraire le précepte est de communiquer facilement ce qu'on possède (2).

C. — Voici maintenant ce qui donne à l'ancienne doctrine sa physionomie particulière : *c'est d'avoir tiré de la nature matérielle du droit de propriété des limitations juridiques conformes à sa nature morale.*

La définition romaine elle-même prête à une analyse restrictive de ce genre. Qu'est-ce, en effet, que la propriété ? C'est un droit sur les choses, dont l'étendue est mesurée par la définition célèbre : *jus utendi, fruendi et abutendi*, le droit d'user, de percevoir les fruits, de consommer et d'aliéner. Le propriétaire peut faire tout cela, mais, d'après la nature, son droit, si absolu soit-il, ne va pas au-delà ; s'il y a consommation ou aliénation du corps approprié, son droit est éteint. La propriété ne se survit pas à elle-même. La chose consommée ou aliénée a cessé de vous appartenir, et vous ne pouvez, en vertu d'un droit que vous n'avez plus,

(1) 2a 2æ Qu. LXVI, art. 2. c.
(2) Ibid.

réclamer dans les contrats une redevance, à cause du profit tiré par autrui de ce qui est à lui et non à vous.

Cette façon de raisonner au sujet de la propriété sert de point d'appui à une condamnation portée, sous deux formes, par l'ancienne doctrine contre l'injustice de l'usure.

En premier lieu, on connait la distinction classique dans l'ancienne doctrine entre *deux espèces de choses;* les unes, comme les terres, les maisons, les instruments, ne se consomment pas par l'usage; les autres, comme les denrées, les matières premières et l'argent, sont nécessairement consommées ou aliénées par leur usage même. Pour les choses de la première espèce, on en peut céder l'usage, les louer par exemple, tout en conservant la propriété et, par là, un titre de jouissance sur elles. Pour les choses de la seconde espèce, il est impossible d'en céder l'usage en conservant la propriété. Celle-ci ne donne donc aucun titre à continuer de jouir et à stipuler d'autrui un revenu, en plus de la restitution de la chose cédée en quantité égale : semblable stipulation est une injustice, une usure. Qu'on ne réclame pas contre la restriction ainsi imposée aux avantages de la propriété et contre la gratuité du prêt rendue obligatoire à l'égard de toute une catégorie de biens. Ces communications gratuites sont bien plutôt d'accord avec l'institution véritable de la propriété : « Il est de l'ordre de la société, dit « Domat en combattant l'usure (1), qu'il y ait des manières « dont les hommes puissent s'aider gratuitement..... Le prêt « n'est pas inventé pour le profit de ceux qui prêtent, mais « pour l'usage de ceux qui empruntent. »

En second lieu et d'une manière plus générale, lorsque, dans les contrats, on transmet à autrui la propriété d'un bien, *rei dominium*, on perd le titre à percevoir les fruits. Le bien est passé sous le domaine d'autrui; à lui le profit désormais, comme à lui le risque. Réclamer le fruit du bien d'au-

(1) Les Lois civiles. Livre I. titre VI.

trui, vouloir un profit sans le risque et la charge de la propriété, constituent des prétentions injustes et usuraires.

D. — Un second trait de la physionomie particulière de l'ancienne doctrine est le *rôle attribué aux forces et utilités naturelles.* Les interprètes (1) de cette doctrine trouvent là le juste titre des rentes ou revenus que perçoivent, en dehors du travail personnel, les propriétaires des biens reconnus susceptibles d'*ususfructus* : « *res fructificat domino.* »

Les forces et utilités naturelles fournissent un point d'appui à des revenus de cette sorte. C'est un des côtés de la question même de la légitimité de la propriété. Personne ne pouvant revendiquer sur ces forces et utilités gratuitement données un droit d'auteur et maître, il résulte que si *le bien de la société et sa constitution naturelle* demandent une appropriation privée de ces avantages avec les inégalités qui en résultent, inégalités tempérées d'ailleurs par la conception des devoirs de la propriété, nul n'est fondé à s'en plaindre. A cet ordre d'idées qui concerne particulièrement la propriété foncière et ses accessoires se rapportent surtout, semble-t-il, les preuves de la propriété exposées par saint Thomas dans la Somme théologique (2).

Un autre ordre de preuves de la propriété s'appuie sur le travail personnel et sur la relation de cause à effet qui est le titre légitime de l'appropriation des fruits du travail. C'est là, comme nous l'avons observé, le point de vue auquel s'est placé l'Encyclique *Rerum Novarum,* en face du socialisme. La propriété ainsi fondée est celle des richesses que la science économique moderne oppose, sous le nom particulier de *capital,* aux richesses naturelles rangées, elles, sous le nom de *terre.*

---

(1) V. Liberatore. Principii di économia politica; P. II. § 77, 80 et conclusione.

(2) 2a 2æ Qu. LXVI, art. 2.

L'ancienne doctrine établit, en droit, une distinction formelle entre le fruit de la terre et le fruit du travail.

L'un peut servir de titre à des revenus gratuits et permanents. Ceux-ci, tout au moins dans leur établissement primitif, supposent une constitution de la propriété faite en vue du bien social. Les forces et utilités naturelles apparaissent comme l'assise d'une organisation de la propriété en rapport avec *l'organisation sociale : soit familiale, soit professionnelle, soit politique.* Telle est bien la conception réalisée dans la société d'autrefois.

L'autre fruit, celui du travail, ne crée de titre légitime qu'au profit du travailleur, et précisément dans la mesure établie par la relation de *cause à effet.* C'est pourquoi le travailleur a droit en entier au capital produit par son travail, et pourquoi aussi le prêt du capital ne donne aucun droit à réclamer une part du travail d'autrui, comme redevance ou revenu.

Cette analyse sommaire fait comprendre comment l'ancienne doctrine est attaquée tantôt comme conservatrice, tantôt comme socialiste.

Observons que la distinction mentionnée plus haut entre deux sortes de biens se confondait à peu près, dans l'opinion pratique, avec une mise en application des idées sur les causes du revenu légitime. Le prêt lucratif s'appliquait aux biens où l'on voyait le siège des forces et utilités naturelles, le prêt gratuit s'appliquait aux biens où l'on voyait la matière ou l'intermédiaire du travail.

E. — Nous venons de voir que l'ancienne doctrine consacre *le droit du travailleur sur le fruit de son travail.*

Unanimement les philosophes et les théologiens invoquent ce droit dans leurs explications sur l'usure. Le profit qui peut suivre l'emploi des choses de consommation et de l'argent est *fructus humanæ industriæ*, dit saint Thomas (1);

(1) 2a 2æ Qu. LXXVIII, art. 3, c.

l'usurier profite de l'industrie d'autrui, *ex industria alterius*, dit Scot (1); « de l'industrie de celui qui emprunte, » dit Domat (2).

D'après la doctrine économique du moyen-âge, constate M. Brants : « Le travail était considéré comme le titre lucratif essentiel » (3). Aussi, l'injustice de l'usure est constamment ramenée par les anciens auteurs à la violation des droits du travail producteur.

F. — Suivant la même doctrine, l'idée de société doit dominer l'ensemble des rapports économiques. C'est une conséquence des conceptions sur le droit de propriété ainsi que du respect professé pour les droits de la vie humaine et du travail qui, sans les garanties sociales, seraient de vaines formules.

Une organisation sociale était autrefois jugée nécessaire, afin de maintenir le droit de propriété dans son rôle légitime, afin de protéger les droits des travailleurs, afin d'instituer pour la terre et les instruments du travail un régime de bien public, afin de mettre loyauté dans la concurrence et de procurer une juste estimation des prix. L'individualisme égoïste et cupide était considéré comme l'origine du mal économique, comme source à la fois d'injustice et de ruine.

G. — Enfin, les condamnations de l'ancienne doctrine contre l'usure sont en quelque sorte résumées dans la loi de la *juste valeur* qui doit présider à l'ensemble des commutations.

Tous les échanges entre les hommes sont soumis à une loi universelle de justice, loi de nature qui consiste dans l'égalité des valeurs échangées, et d'après laquelle nul n'est fondé à recevoir plus qu'il ne donne. A cette *loi d'équivalence*, à ce principe d'égalité dans les contrats comportant

(1) L. de IV Sent. dist. 15. Qu. 2.
(2) Loco cit.
(3) Les Théories économiques aux XIIIe et XIVe siècles. Ch. VII § 1, 1.

échange, *æqualitas contractuum*, se rattachent les multiples décisions de l'ancien droit chrétien sur le commerce de toutes choses et le juste prix des marchandises.

Telle est la loi la plus générale pour régir la remise des capitaux à autrui et établir ce qui doit être rendu en retour. L'usure, dans une acception qui est à la fois essentielle et compréhensive, consiste dans la violation de cette loi : « *Usura est, ubi amplius requiritur quam datur* » (1); « *inæqualitas constituitur* » dit Saint Thomas (2) de l'injustice du contrat usuraire.

Mais comment est déterminée la juste valeur des choses échangées et, par là même, l'égalité qui doit exister entre elles? L'organe de ce jugement est une estimation de la communauté, *communis æstimatio*, qui, s'il y a lieu, se produira dans les formes légales, *pretium legale*. La justice de cette estimation,consistera, en ce qu'elle sera faite en considération du bien général et de la fin sociale, par conséquent en tenant compte de tous les principes précédemment exposés sur le rôle du capital.

Une remarque doit ici arrêter l'attention. C'est que, dans l'ancienne doctrine, l'appréciation des conditions de la juste valeur se fait d'une façon spéciale à chaque sorte de commutation. Les diverses espèces de contrat ont chacune une justice et une égalité qui leur sont propres. On ne trouve pas nettement indiquée l'idée d'une expression généralisée de la valeur susceptible de s'appliquer à l'ensemble des commutations et d'y faire apprécier l'égalité.

H. — Arrivons au *prêt d'argent*.

On voit clairement comment les principes de l'ancienne doctrine prohibent l'intérêt de l'argent. En effet, l'argent appartient à cette catégorie de biens dont le prêt emporte nécessairement translation de la propriété, parce que leur

---

(1) Corpus juris canonici. Decr. 2a Pars. Caus. XIV. Qu. III, cap. IV.

(2) 2a 2æ, Qu. LXXVIII, art, 1, c.

usage consiste en un acte de consommation ou d'aliénation: le prêteur de monnaie, ayant perdu son droit de propriété, n'a aucun titre au profit de ce qui ne lui appartient pas, à ce qui est le fruit de la chose ou du travail d'autrui, il est seulement créancier d'une même somme. C'est la loi générale de l'échange qu'on applique au contrat de prêt, en disant qu'il doit y avoir égalité entre les valeurs échangées, entre la somme versée et la somme rendue. L'application de cette loi paraît même plus claire et plus impérieuse que partout ailleurs, puisqu'il s'agit de cette richesse spéciale qui est précisément employée à mesurer la valeur. Exiger une redevance au seul titre du prêt d'argent est une violation flagrante de la loi d'équivalence.

Aussi bien, la légitimité de l'intérêt de l'argent, posée en principe, équivaut à la ruine de l'ancienne doctrine, en ce qu'elle a de plus essentiel. L'usage usuraire de l'argent effacera ou brouillera tous les principes de raison et de justice consacrés par elle sur la nature, l'emploi et le revenu des différents capitaux. Il n'en est tenu aucun compte dans le profit retiré au seul titre du prêt d'argent. Comme l'observe le Père Weiss (1) dans sa savante interprétation des anciennes défenses de l'Eglise contre l'intérêt de l'argent : « Tout autre « est le prêt d'argent et tout autre l'emploi des capitaux. »

— Il n'en reste pas moins que la gratuité du prêt d'argent est plutôt un principe dérivé qu'un principe premier de l'ancienne doctrine. Lors donc que des difficultés ou des obscurités se présentent dans l'application, la voie indiquée pour en sortir est de remonter plus haut.

Or, à mesure que les temps se rapprochaient du nôtre, à mesure que la production et le commerce acquéraient de nouveaux développements sous l'impulsion des découvertes

---

(1) Apologie du christianisme. VIII. La question sociale et l'ordre social ou institutions de sociologie, 22e conf.

modernes, les règles de l'ancienne doctrine prenaient l'aspect d'entraves à la marche du progrès. Elles semblaient surtout arrêter les nombreuses commutations et le mouvement d'échange que réclamaient les nouvelles conditions économiques. Sans doute, il se trouvait diverses sortes de contrats réputés conformes à la justice et d'accord avec l'intérêt, pour opérer le changement de mains des capitaux. Mais il fallait suivre des chemins compliqués, alors que le commerce et l'industrie aspiraient à des affaires simplifiées et recherchaient un mode généralisé d'exprimer les valeurs, de nature à faciliter les opérations de crédit.

Si la gratuité du prêt d'argent paraissait le grand obstacle, c'était le cas, pour les commentateurs de la doctrine, d'élever leurs regards et de remonter aux premiers principes. Le contraire eut lieu, semble-t-il. On s'attacha à conserver, en la forme, les anciennes défenses contre l'intérêt de l'argent et on les éluda pratiquement, en multipliant les détours et les titres exceptionnels. De la sorte, on ne donna ni facilité aux affaires, ni franchise à la théorie. Les vieilles règles, objet d'un respect dont le sens était perdu, demeurèrent comme une entrave aux transactions, plutôt que comme une protection pour les faibles. Telle est l'impression que produit le droit ancien à qui l'étudie à la veille de la révolution.

§ IV

STRUCTURE DE LA NOUVELLE THÉORIE DU CAPITAL

A. — Il faut retenir dans quelles circonstances se forma la théorie moderne du capital.

Les règles édictées par l'ancienne doctrine étaient tout l'opposé du mercantilisme. Elles lui étaient fermées au point de paralyser le mouvement d'expansion commerciale et industrielle qui se manifesta à partir du seizième siècle, après l'invention de l'imprimerie et la découverte du Nouveau

Monde. Les idées économiques nouvelles furent donc élaborées au milieu d'une réaction contre le système qui opposait des barrières et sous la préoccupation du besoin de facilités nouvelles à donner aux échanges. Satisfaire ce besoin, fut l'objectif vers lequel se tournèrent les esprits. La représentation des différentes richesses au moyen de la combinaison du capital et des intérêts parut offrir cette forme généralisée de la valeur qui allait apporter au commerce les facilités désirées.

B. — A côté de préoccupations économiques et de recherches qui n'étaient pas sans cause légitime, se produisit une autre marche des idées : marche révolutionnaire, consistant à abattre purement et simplement tout obstacle qui, sous prétexte d'une prétendue justice, s'opposait au jeu des intérêts individuels. L'ancien droit social fut renversé au nom du droit de l'homme.

Le besoin d'une plus grande facilité dans les échanges, qui était réel, fut satisfait sous l'empire d'une fausse philosophie individualiste et matérialiste.

La théorie nouvelle du capital est tout autre chose qu'un système meilleur et plus général de mesurer la valeur afin de faciliter les échanges. Peut-être, est-elle cela secondairement? Mais principalement, elle est une émanation de cette doctrine économique moderne dont nous avons montré, au précédent chapitre, le fondement dans l'autonomie de l'individu déifié.

La théorie nouvelle du capital a pour principes premiers le droit illimité de la propriété individuelle, et la libre compétition des intérêts égoïstes, A son origine, elle est caractisée, suivant l'expression de M. Paul Leroy-Beaulieu, par « l'extension *jusqu'à la limite la plus extrême* de la liberté individuelle et de la propriété individuelle » (1).

On voit combien, dès son point de départ, la théorie nou-

---

(1) Précis d'économie politique. 2e Partie. ch. I. § 3.

velle est en contradiction avec l'ancienne doctrine. Celle-ci avait entouré l'exercice de la liberté et de la propriété, de règles moralisatrices tirées de la nature des choses et du droit social; la théorie nouvelle ne connait d'autre loi que celle des offres et des demandes, simple résultante des intérêts mis en présence. Ses interprètes définissent la propriété : « le « droit de disposer de son bien à de telles conditions qu'on « juge convenable et que l'emprunteur juge convenable d'ac- « cepter » (1).

C. — Emportée par ses prémisses, la théorie nouvelle proclame nécessairement comme un droit naturel ce que repoussait l'ancienne doctrine à savoir : *l'absolue légitimité de l'intérêt de l'argent.* Il suffit que le prêteur ait la volonté d'user ainsi de son argent et qu'il trouve un emprunteur disposé à passer par ses conditions.

D. — Cette légitimité de plein droit reconnue à l'intérêt de l'argent est grosse de conséquences, elle nous explique la nature du capital moderne.

Quelle est la source du revenu de l'argent ?

La doctrine nouvelle ne nous en donne pas d'autre que la rencontre des offres et des demandes. La seule condition pour qu'il y ait revenu, c'est que quelqu'un ait besoin d'argent. La mesure du revenu est l'intensité de ce besoin.

Inutile par conséquent de parler, soit de la nature des biens, soit des liens sociaux, soit des droits du travail qui enlèveraient ou limiteraient le droit aux revenus.

La productivité de l'argent est une fiction née du besoin de l'emprunteur.

Le droit absolu à profiter du besoin d'autrui fait le fond du droit absolu à l'intérêt de l'argent et de la nouvelle conception du capital.

Le capital moderne, en effet, ramène toute richesse à l'argent et au revenu de l'argent. L'argent lui sert d'expression

(1) Baudrillart. Manuel d'Économie politique. 4e Partie, ch. III, § 1.

à lui-même, et le revenu de l'argent sert de type à son revenu.

E. — Après cela, il importe assez peu que les économistes, en étudiant spéculativement l'évolution des libertés économiques, fassent des distinctions qui donnent au terme Capital tel ou tel sens. Ils sont fort éloignés d'ailleurs d'être d'accord : « Quiconque, dit Henry George (1), désire connaître plus à fond la confusion qui existe à ce sujet parmi « les professeurs d'économie politique, n'a qu'à chercher « dans une bibliothèque où les ouvrages de ces professeurs « sont rangés côte à côte. »

S'ils distinguent entre le capital et la terre, entre l'intérêt et la rente, c'est affaire d'appréciation des phénomènes et non question de justice capable d'influer sur la science.

Les uns trouvent matière à célébrer l'harmonie naturelle de l'intérêt avec la morale, du capital avec le travail. Les autres ne voient que les éléments d'une description des lois naturelles de la lutte pour la vie et de la survivance des plus forts.

Toujours, il reste que la notion du Capital moderne a reçu, de son équation avec le concept de l'argent productif d'intérêts, son trait caractéristique.

F. — Ce n'est pas à dire que nous fassions difficulté de reconnaître que l'expression généralisée de la valeur en fonction du capital et de l'intérêt a donné satisfaction au besoin moderne dont nous constations l'existence. Elle a apporté les facilités désirées pour le crédit et la circulation des richesses. Il n'est guère contestable que cette nouveauté de notre droit a contribué puissamment au développement de la production, à l'époque contemporaine.

(1) *Progrès et Pauvreté*. Livre I. ch. I.

§ V

DISTINCTION DANS LA NOUVELLE THÉORIE DU CAPITAL ET PROBLÈME A POSER

N'apparaît-il pas, d'après les considérations qui précèdent, qu'on peut distinguer, dans la théorie nouvelle du capital :

Le fait utile d'une conception généralisée de la valeur, tendant à rendre possible la marche de la production moderne;

De la réalisation de ce fait sous l'empire d'une doctrine économique inspirée par la philosophie moderne, individualiste et matérialiste ?

S'il en est ainsi, le problème consiste à ramener aux principes essentiels de la doctrine économique conforme à la philosophie chrétienne, la conception généralisée de la valeur qui est une nécessité de l'économie moderne : à trouver les moyens de les faire s'accorder ensemble.

La solution du problème demande que l'on dégage les principes essentiels de la tradition économique chrétienne et leurs rapports avec la théorie générale de la valeur.

Auparavant, il est à propos de préparer la solution en s'arrêtant aux idées modernes sur le capital, afin d'examiner en quoi consistent leurs avantages, en quoi au contraire elles pèchent, et quelle critique en a faite l'école socialiste ?

CHAPITRE III

EXAMEN CRITIQUE DE LA THÉORIE MODERNE DU CAPITAL

Au chapitre précédent, nous avons caractérisé la théorie moderne du capital par les idées nouvelles sur l'argent. Le trait principal de cette théorie d'après la pratique universellement reçue de nos jours est celui-ci : *La conception de l'argent productif d'intérêts sert à exprimer toute richesse dans le mouvemement des échanges.*

L'objet du présent chapitre consiste à examiner quels sont les avantages, sinon les supériorités, du mode actuel de concevoir le capital, de façon à reconnaître ce qu'il serait à propos de chercher à conserver ; puis à examiner au contraire quels sont les vices des idées et pratiques reçues, vices à éliminer dans le projet d'accord avec la justice traditionnelle, sujet de notre étude.

§ I.

DES AVANTAGES DE LA THÉORIE MODERNE DU CAPITAL

Le thème des avantages ou des supériorités attribuées à la théorie moderne du capital n'a pas manqué d'amplificateurs.

L'opinion courante est formée dans ce sens, les arguments sont présents à tous les esprits. Il s'agit moins d'exposer que de classer ce qui semble digne d'être retenu, au moins pour mémoire. On vante la simplicité et la vérité économique des conceptions nouvelles, leur harmonie naturelle avec la justice sociale, leur vertu qui anime toute la production contemporaine.

I. — *Simplicité de la théorie. Conformité avec les phénomènes économiques.*

A. — Le premier avantage de la théorie moderne est sa simplicité.

Elle s'appuie sur deux faits très simples qui, semble-t-il, ont toujours été admis de l'humanité.

D'abord, toute richesse peut être considérée comme de l'argent. Aristote lui-même le reconnaissait : « *Omne illud pro* « *pecunia habetur cujus pretium protest pecunia mensurari* (1) ». Et c'est là le point de départ commun aux défenseurs du prêt à intérêt. Calvin, Bentham, Bastiat commencent leur argumentation en constatant que l'argent représente toutes les richesses réelles : terres, maisons, instruments, approvisionnements. Argent et richesse quelconque peuvent être pris l'un pour l'autre.

Un second fait est constaté. C'est que, dans l'ordinaire de la conduite des hommes, nul ne remet à autrui la jouissance d'une part de richesse à lui appartenant, sans que ce soit pour en tirer un profit. Il en a toujours été ainsi. Le fait passait jadis sans opposition, quand il s'agissait de terres, bâtiments, animaux ou instruments. Que si la doctrine lui suscitait des obstacles quand il s'agissait de deniers ou choses de consommation, alors ou bien on ne prêtait pas, ou bien on recourait à quelqu'un de ces détours qui devinrent si

---

(1) Ethic. Lib. IV, cap. I — Voir S. Th. 2a 2æ qu LXXVIII, art. 2, c.

nombreux par la suite. Aussi bien, le servage et le salariat offraient un moyen non contesté de tirer profit des denrées ou de l'argent avancés à autrui.

Mais, si l'argent exprime toute richesse et si, en fait, les diverses richesses ne sont jamais prêtées que pour en tirer un profit, pourquoi ne pas admettre que la règle normale est de tirer intérêt de l'argent? La notion si simple qui résulte de là évite les complications et les détours des contrats d'autrefois, elle a le grand avantage d'être d'accord avec la pratique continuelle de l'humanité, elle sert de nerf au commerce.

B. — D'ailleurs la notion moderne du capital se dégage nécessairement de la multiplication des échanges. L'argent a une puissance universelle d'acquisition et son usage rend les diverses richesses interéchangeables. Qui a une somme d'argent ou une richesse d'un prix donné aura à volonté telle ou telle autre richesse du même prix. Donc, qui prête à autrui à charge de rendre la somme d'argent ou le prix au bout d'un certain temps, confère pendant ce temps tous les avantages possibles des diverses sortes de richesses. Dès lors comment maintenir les anciennes distinctions établissant la gratuité du prêt de certains biens? Les titres d'intérêt compensatoire surgissent de partout aux yeux des théologiens, leurs raisonnements témoignent de l'impossibilité d'échapper à la notion nouvelle née de l'échange.

L'échange opère la fusion des qualités et avantages des diverses richesses en une notion unique qui les réunit pour mieux exprimer la valeur; cette notion n'est autre que celle de l'argent ou capital productif d'intérêts. Ainsi est obtenue une représentation plus générale et plus fidèle de la valeur de toutes choses, une forme supérieure de la valeur précieuse pour les relations du crédit.

C. — C'est une mauvaise querelle d'opposer à la théorie moderne du capital la stérilité matérielle de la monnaie. On ne prétend pas que le métal précieux soit, plus que par le passé, devenu productif, ni qu'il soit légitime de faire payer quelque tribut pour l'usage de la monnaie. Il ne s'agit pas de cela. Ce que l'on considère, c'est l'acquisition des biens de toute espèce que procure l'argent intermédiaire des échanges, c'est à dire la *réalité* que voile le rôle transitoire et souvent fictif du métal précieux.

Non, l'argent n'engendre pas de l'argent, « c'est incontestable », nous dit M. Paul Leroy-Beaulieu, mais avec de l'argent on achète terres, maisons, etc. ; on se procure le « capital réel » dont l'argent « n'est que la représentation » (1).

Le capital n'est pas l'argent. La théorie moderne signifie seulement que le capital s'exprime en fonction de l'argent et de l'intérêt de l'argent, ou, en d'autres termes, par la double notation en argent du capital réel et du revenu de ce capital.

II. — Tendances d'accord avec la justice et avec l'harmonie sociale.

A. — On fait valoir ensuite que, loin de violer la loi morale, la théorie moderne du capital se montre, dans ses effets, d'accord avec la justice.

Elle permet, il est vrai, aux possesseurs de capitaux d'en retirer aisément un revenu. Mais quoi de plus juste ? Le capital est fruit de l'épargne. Celle-ci n'a fait rien autre chose que d'accumuler, de réaliser du travail en des objets matériels. Le capital est du travail épargné. Or ce travail conservé dans le capital doit avoir une rémunération en rapport avec le rôle si utile qu'il joue, sous cette nouvelle forme, comme agent de la production : « il a droit à parti-

(1) P. Leroy-Beaulieu. Précis d'économie politique. 2e Partie, ch. IV, § 1. — Observons que M. Leroy-Beaulieu range *ici* expressément les « *terres* » dans le « *Capital réel* », oubliant la distinction classique entre la terre et le capital, ce qui montre bien, comme nous le prétendons, que la notion moderne *du capital* embrasse toutes les richesses représentées par l'argent productif d'intérêts.

« ciper au produit, car il représente un concours vivant, un « travail d'homme », nous dit Courcelle-Seneuil (1).

L'intérêt, suivant l'expression du même auteur (2), est en quelque sorte « le salaire posthume » d'un travail antérieur demeuré agissant, grâce à l'épargne, grâce au capital.

B. — Bien à tort, on reproche au capital de dépouiller le travailleur. Il lui apporte au contraire l'accroissement de production obtenu par son concours.

Un des effets de la théorie moderne est de mettre avec la plus grande facilité le capital à la disposition des travailleurs. Ceux qui le possèdent sont amenés à s'en dessaisir aisément pour le confier aux mains de qui en peut faire bon usage.

Lorsqu'il y a profit du capital, c'est qu'il y a aussi délai de crédit, c'est-à-dire un temps pendant lequel le travail actuel peut produire avec l'aide du travail passé conservé dans le capital, ce qui est la situation la plus efficace pour l'avancement de la production, la plus conforme à l'intérêt commun des travailleurs et des capitalistes.

De la théorie moderne résultent les meilleures conditions possibles pour réaliser le *concours* entre le travail et le capital.

C. — La grande liberté de contracter et de produire, qui est la suite des idées nouvelles sur le capital, aboutit, non à fausser, mais plutôt à épurer la formation de l'idée de valeur, en y faisant compter le travail seul, suivant l'enseignement d'Adam Smith. Un produit, un capital de grande valeur sont ceux qui ont coûté ou emmagasiné beaucoup de travail.

Sous le régime qui laisse libre le jeu des activités individuelles, la valeur des choses et la quantité de travail em-

(1) Traité des opérations de Banque. Livre I. ch. VII. De la légitimité de l'intérêt.

(2) Ibid. Ch. VIII. De l'usure.

ployée à les produire tendent d'elles-mêmes à se régler l'une sur l'autre.

On sait que les écoles les plus opposées, celle de Bastiat et celle de Karl Marx, appuient leurs thèses sur ce fait d'harmonie économique naturelle.

III. — *Supériorité pour la marche de la production moderne; nécessité de fait.*

A. — Le grand mérite de la théorie nouvelle du capital est d'avoir répondu aux besoins de l'industrie et du commerce modernes. Elle leur a donné l'expression de la valeur nécessaire à leur fonctionnement. Elle a inauguré un système général de mesure de la valeur où il est tenu compte de la modification que le crédit introduit dans l'échange. Or, le crédit est le fait sur lequel repose la production moderne. La vie de celle-ci réclame que les capitaux, ou, en d'autres termes, les biens de toute espèce, auxiliaires de la production, soient remis facilement aux mains d'autrui *à crédit*, c'est-à-dire, avec un délai pendant lequel reste suspendue la prestation réciproque qui terminera l'échange, délai permettant d'appliquer les capitaux prêtés à l'œuvre de la production, avant d'avoir à rendre. C'est grâce à ce mode d'échange appliqué en grand et rendu pratique, que se sont opérées les transformations de l'industrie et du commerce modernes, que se sont formés les groupements de capitaux exigés par l'outillage et par l'approvisionnement des entreprises mécaniques, que s'est réalisée la division du travail avec le passage successif des produits d'industrie en industrie, que s'est établie la circulation commerciale des marchandises d'un bout du monde à l'autre. Enfin, c'est grâce à ce mode d'échange qu'a été obtenu l'immense et incessant accroissement des richesses que nous avons sous les yeux.

Au point de vue juridique, tout ce vaste ensemble de la

production a pour support un contrat unique : le contrat de crédit toujours identique à lui-même sous des formes multiples, contrat dont le caractère général est *la remise d'un bien contre un engagement* (1) et qui a pour effet de séparer les prestations réciproques de l'échange par un délai, lequel est non pas seulememont délai de paiement, mais délai de production et de plus-value. La supériorité de la théorie moderne du capital provient de ce qu'elle a su dégager la notion générale du contrat de crédit à travers toutes les formes diverses que celui-ci a revêtues autrefois et qu'il revêt aujourd'hui : « Si l'on se fait une idée exacte de la nature d'un capital, dit « Courcelle-Seneuil(2), on voit qu'il n'existe aucune différence « sensible entre toutes les formes d'un *contrat de crédit, qui,* « *en essence, est le même, et dont le type le plus complet est le* « *prêt à intérêt* ». La généralisation du contrat de crédit fournit la double notation en capital et en intérêts qui a permis de représenter les avantages de la propriété de toutes les sortes de richesses indépendamment de leur possession, donnant ainsi le moyen de les faire passer aisément de mains en mains, comme l'exige la production moderne.

B. — Les combinaisons tirées de la théorie du capital et des intérêts opèrent une *mobilisation* des biens de toute nature qui est très favorable à la production, car elle conduit ces biens aux mains de qui est le plus apte à en tirer le plus abondant produit. Les propriétaires de capitaux acquièrent toutes facilités pour les diriger vers la meilleure production possible, et inversement les productions rémunératrices sont toujours assurées de trouver aisément des capitaux. L'argent, dans la pratique moderne, c'est la richesse continuellement disponible, prête à se retirer des mauvaises opérations de production pour se porter vers les bonnes.

---

(1) *Association catholique* du 15 mai 1892. Article sur le *crédit*, par l'auteur.
(2) Traité des opérations de Banque. Livre I. Ch. VII.

C. — Les idées nouvelles sur le capital et l'argent ont donné naissance à la foule des titres fiduciaires devenus aujourd'hui d'un usage courant et, semble-t-il, indispensable. Ces titres réalisent pratiquement la représentation de la valeur des richesses, séparément de leur possession et pendant un temps plus ou moins long. Quoique basés sur une même conception, ils ont revêtu des formes variées, appropriées aux différentes natures de biens, aux phases de la production et de la circulation : titres escomptables issus des ventes à crédit et titres divers des comptes en Banque représentant la valeur des capitaux circulants ; titres de placement et de rentes, tels que actions, obligations, lettres de gage et titres fonciers, représentant la valeur des capitaux fixes.

Il est à propos de constater que la pratique, d'accord avec la théorie, ne concède aux titres fiduciaires le droit aux intérêts que s'il existe un délai accordé à la production, au concours du capital et du travail, condition de la plus-value. C'est ainsi que les billets de banque et les chèques ne portent pas intérêt. Que si les dépôts en banque remboursables sur demande bénéficient d'un léger intérêt, c'est en raison d'un délai moyen pour l'emploi productif des capitaux.

Tout cet ensemble de titres nés des nouvelles pratiques commerciales et financières est entré dans la composition de la fortune et dans le fonctionnement de l'industrie de chacun. Il y a là une nécessité de la vie économique moderne.

D. — Sur cette dernière réflexion, nous terminons la revue des avantages de la théorie moderne du capital.

Dans l'état économique contemporain, les idées nouvelles sur le rôle de l'argent se présentent avec un caractère de nécessité. Elles ont façonné les mœurs au point d'être indéracinables ; et ce n'est pas surprenant, car elles sont adaptées aux besoins de notre situation industrielle et commerciale.

D'ailleurs les résultats matériels témoignent en faveur du système. Il a engendré un merveilleux développement de l'activité productrice qu'on doit craindre de compromettre et s'attacher à conserver.

§. II

Des vices de la théorie moderne du capital

La critique la plus bruyante et la plus connue du capital moderne est celle de l'école socialiste. Elle arrêtera notre attention d'une façon spéciale dans l'article qui suivra celui-ci : la lutte de doctrines entre les auteurs socialistes et les économistes classiques ne sera pas sans fournir des éclaircissements utiles à notre sujet. Mais, comme nous l'avons dit au chapitre I, l'une et l'autre écoles s'inspirent du même principe révolutionnaire et matérialiste de la souveraine autonomie de l'individu humain. C'est à la lumière d'une philosophie bien différente que nous allons examiner les vices de la théorie moderne du capital.

Nous essaierons de découvrir d'abord le malentendu caché sous les idées modernes qui ont établi l'empire de l'argent, puis de relever l'insuffisance rationnelle, tant économique que juridique, de la théorie courante du capital et de l'intérêt, de montrer les injustices qu'elle consacre surtout à l'égard du travail, de faire voir enfin ses conséquences contraires au bien public et à la prospérité matérielle.

I. — Malentendu fondamental.

L'argent, nous dit-on, d'après les conceptions modernes, est la représentation (1) des capitaux réels ; il est « l'expression « du capital disponible (2) ». Et comme de tout temps les

(1) P. Leroy-Beaulieu. Loc. cit.

(2) Claudio Jannet. Le capital, la spéculation et la finance. Ch. III.

capitaux, soit instruments de travail, soit approvisionnements, ont été reconnus, de façon ou d'autre, susceptibles de porter des revenus, il est facile d'expliquer et de légitimer l'hypothèse de l'argent productif d'intérêt qui sert à représenter les richesses, en tant qu'elles sont ainsi sources de revenus, ou capitaux.

Mais ce raisonnement ne dit pas tout et cache une équivoque. Si, en effet, l'argent représente les capitaux, il ne doit pas les représenter autrement qu'ils ne sont ou qu'ils ne doivent être. Si, en vertu de cette représentation, on suppose que l'argent rapporte un revenu, il ne devra toutefois rapporter qu'en tenant compte des conditions où réellement les capitaux rapportent, d'après la nature des choses et d'après les règles de la justice. On ne devra pas partir de la supposition que l'argent rapporte toujours et nécessairement, comme dans le prêt à intérêt. Que l'on fasse quelque convention générale pour que *l'argent représente ou exprime l'ensemble des capitaux*, soit ; mais on ne devra pas pour cela donner au *capital* une nature qu'il n'a pas en réalité et lui accorder plus de droits qu'il n'en possède.

En d'autres termes, dans la représentation des capitaux par l'argent, il s'agit de savoir si le type envisagé sera le revenu réel et juste qu'on peut attribuer au capital, ou bien le revenu fictif et usuraire qui s'attribue à l'argent.

Or, il n'y a pas de doute sur le procédé suivi par la théorie moderne du capital. Elle commence par poser *l'absolue légitimité du prêt à intérêt de l'argent*, comme une suite rigoureuse des principes *à priori* de la morale individualiste. Ainsi que nous l'avons noté au chapitre précédent, c'est là une conséquence directe de la définition individualiste de la propriété : « droit de disposer de son bien à de « telles conditions qu'on juge convenable et que l'emprunteur « juge convenable d'accepter ». C'est entendu de la sorte, ne relevant que du bon-plaisir des prêteurs et de la loi de l'offre et de la demande, que le prêt à intérêt est devenu le *contrat type*. Dans la représentation du capital par l'argent, ce n'est pas la nature véritable des capitaux réels qui l'a emporté, c'est l'argent usuraire, conception contre nature au témoignage des anciens, qui a pénétré le capital moderne et lui a donné sa forme.

Les explications ingénieuses fournies ensuite sur la représentation du capital par l'argent ne légitiment en aucune façon la théorie actuellement en honneur. Elles masquent un véritable tour de passe-passe. On prétend invoquer la nature réelle du capital, alors qu'on lui substitue l'argent usuraire sans attache avec la nature des choses et avec la justice économique. On parle de la productivité du capital, quand la seule productivité prise en considération effective est celle qui a sa source oppressive dans les besoins de l'emprunteur.

C'est à l'abri du malentendu sur le rôle représentatif de l'argent que la doctrine économique individualiste a étendu sa domination. Sous le rôle nouveau de l'argent dans la pratique moderne, s'est implantée une théorie du capital qui a pour principes : le droit illimité de la propriété individuelle, la libre compétition des intérêts égoïstes, le droit d'exploiter le besoin d'autrui pour en tirer un profit réglé par la rencontre des offres et des demandes. De cette doctrine est née l'idée qu'on se forme communément du capital : richesse qui, remise à autrui, doit, par destination première et essentielle, engendrer perpétuellement un accroissement périodique au profit du capitaliste, accroissement susceptible de devenir lui-même capital et d'engendrer à son tour. Pareille idée se confond avec celle de l'argent productif d'intérêts; la théorie et l'usage en ont fait la notion type du capital. Le capital, c'est « l'argent toujours bourgeonnant et poussant », c'est « l'argent considéré comme producteur général et suprême qui fructifie toujours » ; *ce n'est pas l'argent représentant les richesses selon la réalité et selon la justice.*

La théorie moderne du capital est toute différente du système de représentation harmonieuse de la richesse ou de mesure généralisée de la valeur en rapport avec l'état actuel de la production, que décrivent ses défenseurs et admirateurs. Considéré à ce point de vue, le système moderne offre des avantages incontestables. On peut admettre qu'il est désirable de le laisser subsister, mais en le mettant d'accord avec la nature des choses et avec la justice, en le faisant inspirer par une autre théorie.

II. — *Insuffisance rationnelle de la théorie courante du capital et de l'intérêt.*

A. — *Fausseté et illusion du jeu des intérêts.*

D'après l'idée courante, le capital est indéfiniment productif d'intérêts, et les intérêts peuvent à leur tour être capitalisés. De là, ces calculs d'intérêt composé qui sont de nature à faire réfléchir et à mettre en défiance contre la véracité de la théorie.

Les résultats, on le sait, mènent à l'absurde même en prenant pour point de départ une toute petite partie de l'épargne. On trouve par exemple que cent francs placés à 5 p. 100 pendant 700 ans pourraient acheter la terre entière au prix d'un milion l'hectare (1); que cinq centimes placés à 5 p. 100 depuis le commencement de l'ère chrétienne auraient produit plus d'un milliard de fois la valeur du globe terrestre en or massif. Quoi qu'on en dise, ces conséquences mathématiques méritent l'attention, elles témoignent combien sont fausses ou insuffisantes les suppositions qui servent de données au calcul. Elles ne peuvent avoir un commencement d'exécution que par l'expropriation complète de tous aux profits de quelques-uns; elles contiennent une menace de dépouillement du travail et d'accaparement des richesses.

(1) L. Gorse. Le fond de la question Juive. La terre ou l'argent, qui l'emportera ?

Il est intéressant de rapprocher ici deux théories, fort hasardées d'ailleurs, de l'économie politique; de placer, en regard de la progression supposée de l'intérêt, la progression supposée de la population d'après Malthus. Nous entendons l'économie politique annoncer à la fois la famine par excès de population et la pléthore par excès de richesses. Si ces deux accroissements ont dans leurs tendances quelque chose de vrai, il semblerait que celui-ci doit être fait pour celui-là, que l'accroissement de la production des richesses est fait pour nourrir l'accroissement de la population et pour subvenir à ses besoins. La théorie de l'intérêt nous offre plutôt l'inverse, elle a pour objectif l'édification de la seule fortune, la satisfaction des seuls besoins ou caprices du capitaliste accumulateur. L'existence de la population humaine descend au rang de simple moyen de production, au lieu d'être le but de la production.

A l'encontre du résultat mathématique des calculs d'intérêt composé, on fait valoir qu'il faut compter avec les ruines et les désastres matériels, que les capitaux périssent, que les entreprises périclitent au bout d'un certain temps et doivent être reconstituées, que le succès des unes amène la perte des autres, que les fortunes s'élèvent en contre-partie de celles qui tombent. De semblables observations ne font que justifier nos critiques. Elles signifient que la conformité avec l'ordre des réalités laisse fort à désirer dans la théorie de l'intérêt et que celle-ci a accrédité *une fausse idée du capital.*

Le phénomène actuel de la baisse du taux de l'intérêt montre une des formes sous lesquelles la réalité reprend ses droits. L'accroissement du revenu annuel ne va pas, d'après la production véritable, avec la vitesse prévue par la capitalisation, il ne peut suffire à payer au taux supposé l'accroissement de cette capitalisation.

Les capitalistes se lamentent sur l'évanouissement de leurs espérances, sur la difficulté de trouver des placements rémunérateurs, sur les conversions qui réduisent l'intérêt de leurs créances. Ils ont l'impression que le capital perd sa productivité et que son revenu général diminue, alors que celui-ci continue à augmenter (1), mais sans arriver à faire face à la charge de la progression des intérêts.

Les admirateurs du libéralisme économique présentent la baisse du taux de l'intérêt comme une manifestation de l'harmonie naturelle favorable aux travailleurs. Ils parlent d'un minimum de prélèvement du capital quand il y a plutôt un maximum de pression sur le travail. Si le taux de l'intérêt baisse, on peut constater que la masse nominale du capital (2) et que la somme de son prélèvement augmentent continuellement. Dans ce qu'on est convenu d'appeler les

---

(1) « Dans une statistique publiée dans le Bulletin du Ministère des « Finances (1895 p. 183), on lit que, chaque année, on émet dans le « monde de 4 à 6 milliards de titres nouveaux, titres industriels ou « emprunts d'Etats; chaque année augmente en proportion la charge des « intérêts servis par les producteurs aux prêteurs à intérêt.

« L'année 1894 a été l'année par excellence de l'abaissement du taux « de l'intérêt. Aucune année n'avait vu un si grand nombre de con- « versions. Savez-vous quel a été le bénéfice des gens qui supportent le « poids des dettes ? Grâce à ces diminutions du taux de l'intérêt portant « sur un total de 12 milliards en capital, *la somme d'intérêts à payer chaque « année n'a pas augmenté.* En d'autres termes, les emprunts nouveaux faits « cette année là dans le monde ont augmenté le total des intérêts à payer « d'une valeur égale à celle dont la diminuait une série de conversions « d'une importance absolument extraordinaire. On comprend par cet « exemple combien s'accroît la somme totale d'intérêts pendant les années « ordinaires, alors qu'il ne s'opère aucune conversion.»

De 1875 à 1895, le revenu des rentiers d'Etat en France a augmenté de cent millions, malgré l'abaissement du taux de l'intérêt et les conversions répétées. (Voir les articles sur l'*Usure*, de M. Jean Coulazou, dans le journal « La Justice sociale » de juin, juillet et août 1895.)

(2) C'est ainsi qu'en France, malgré la baisse considérable de la valeur des terres, l'ensemble des capitaux ne cesse de croître comme en témoigne l'annuité successorale (valeur des successions et donations déclarées chaque année). De 1872 à 1892, elle a passé de 5 milliards 78 millions à 7 milliards 417 millions, par une progression continue. (V. *Annuaire de l'Economie politique* pour 1894.)

anciens pays, la baisse du taux de l'intérêt est un signe de la tendance vers cet « état stationnaire » dont parle Adam Smith, où l'on doit prévoir, non un rapprochement des conditions, mais au contraire une fixation de l'inégalité économique des conditions. Dans les *pays nouveaux*, tels que certaines parties de l'Amérique et de l'Océanie, où il y a développement intense des sources de la production, on voit à l'inverse croître tout ensemble le taux d'intérêt des capitaux et les salaires des travailleurs.

Les combinaisons de l'amortissement manifestent d'une autre façon comment l'ordre des réalités arrive à prévaloir.

Au moyen de ces combinaisons, on tourne contre lui-même le jeu des intérêts et l'on fait servir la fructification composée de l'argent à la libération des débiteurs. Une prime minime ajoutée au taux de l'intérêt pendant un laps de quelques dizaines d'années permet d'opérer le remboursement complet des dettes, capital et intérêt. De telle sorte que, si l'annuité formée par l'ensemble de l'intérêt et de la prime d'amortissement est en proportion avec le rendement du travail et avec la production réelle, la libération des emprunteurs à intérêt par le seul fait d'un certain nombre de versements échelonnés devient le cas normal.

Ce retour de la théorie contre elle-même nous présente le prêt du capital sous un aspect nouveau. Il efface le caractère de pérennité de l'intérêt. La libération du débiteur revêt la forme d'une prestation limitée, d'une restitution à dire vrai plus grande dans sa valeur en argent que la somme prêtée, mais restitution d'une nature différente, rendue relativement facile et ordinairement avantageuse. L'intervention, à la fois contre et pour le débiteur, du jeu de l'intérêt du capital paraît n'être plus qu'un détour, sinon une complication de calcul, dans l'accomplissement des échanges avec délai de crédit.

Si le fait des combinaisons de l'amortissement va contre l'idée courante qu'on s'est formée du capital et s'il tend à la montrer erronée, il offre aussi un moyen à retenir pour corriger dans son application même la théorie *de l'intérêt*. On conçoit de quelle importance il peut être de réaliser des conditions telles que les travailleurs soient en état de recourir aisément à ce mode de libération (1).

B. — *Généralisation infidèle du contrat de crédit.*

Nous admettons que c'était chose utile de dégager la notion d'un contrat de crédit unique, reproduisant un type général susceptible de convenir à l'ensemble des opérations de crédit. Mais c'est un procédé de généralisation fautif d'avoir pris comme type le contrat de prêt à intérêt. Nous aurions à répéter ici ce qui vient d'être dit au sujet du malentendu caché sous la théorie moderne de l'intérêt. Le prêt à intérêt de l'argent est profondément différent de la remise à crédit des capitaux réels et des profits auxquels cette opération peut légitimement donner lieu. Une méthode exacte commandait de tenir compte, dans la généralisation, des conditions que la réalité et la justice imposent à la production et aux profits.

Le système moderne de représentation des capitaux par l'argent n'est pas fidèle. Il faudrait, pour le conserver, un redressement capable de nous faire *un autre type du contrat de crédit, un autre type du capital.*

C. — *Faute antijuridique dans la démonstration du droit du capital aux intérêts.*

On invoque la production et la plus-value du capital pour justifier le profit du capitaliste. Mais l'argument que l'ancienne doctrine tirait, contre le prêt à intérêt, de la nature juridique du droit de propriété n'a ici rien perdu de sa force.

Celui qui remet le capital par le contrat moderne de crédit, en

(1) Sur ce sujet, nous renvoyons à nos articles touchant la *Réforme du Crédit foncier*. *Association catholique*, Décembre 1893, Février et Mars 1894.

aliène la propriété, il n'a donc plus de titre pour revendiquer les fruits du capital.

De deux choses l'une : ou bien le capitaliste cesse d'être propriétaire, il perd tout *rei dominium*, et alors il n'a aucun droit à réclamer le produit du bien aliéné ; ou bien il continue à être propriétaire, il conserve un *rei dominium*, et alors il doit conserver aussi les risques et les devoirs de la propriété.

On a prétendu soustraire le capital moderne à ce dilemne de justice. On a imaginé un droit aux profits sans propriété, par conséquent sans les risques et les devoirs de la propriété. C'est là une notion irrationnelle, antijuridique.

On peut sans doute supposer la constitution légale d'un droit de domaine *sui generis* retenu par le capitaliste, droit qui serait la caractéristique juridique de la notion nouvelle du capital. L'hypothèse est admissible, mais à la condition que des risques et des devoirs accompagnent la formation de ce droit de domaine. La généralisation contenue dans l'idée du *capital* doit aussi bien porter sur les charges que sur les avantages de la propriété. En d'autres termes, c'est toujours la réalité et la justice qui ont à reprendre leurs droits méconnus par la théorie moderne du capital.

III. — *Antagonisme entre le capital et le travail.*

C'est une autre équivoque que de citer à l'avantage de la théorie moderne du capital le concours établi entre le capital et le travail.

On envisage ainsi ce qui pourrait être si la remise du capital aux travailleurs était non seulement rendue plus facile par les pratiques modernes mais encore organisée avec la garantie de conditions équitables. Et ceci n'existe nullement. Au *concours* du capital les principes inspirateurs de la théorie ajoutent la *pression* sur le travail, puisqu'ils consacrent le droit de tirer profit du besoin d'autrui.

Le capital et le travail sont posés en antagonistes. Le capital recherche, dans sès rapports avec le travail, le plus haut profit possible. Il poursuit non pas uniquement sa part de plus-value, mais toute la plus-value, et quelque chose au-delà, en disputant au travail son entretien.

Dans les rapports du capital et du travail, la théorie moderne ne tient pas compte des droits du travail producteur, elle ne les garantit en aucune façon. Elle ignore l'injustice qu'il y a à s'enrichir du fruit du travail d'autrui, « *ex industria alterius* », injustice essentiellement usuraire suivant la tradition de l'ancienne doctrine chrétienne.

Nous disions tout à l'heure que les risques et les devoirs de la propriété avaient été omis dans la généralisation qui nous a donné l'idée moderne du capital; cette remarque s'applique particulièrement aux risques et aux devoirs de la propriété dans l'emploi du travail d'autrui.

IV. — *Injustice du capital moderne à l'égard de l'évaluation du travail.*

La théorie moderne place, nous l'avons vu, la naissance des profits du capital pendant le délai où ce capital, remis à l'action du travail, est appliqué à l'œuvre de la production.

L'intervention du travail est la condition reconnue de la fructification du capital. On comprend combien il est essentiel que le travail soit évalué et payé avec justice, pour que la naissance du profit du capital soit légitime, pour que ce gain ne soit pas tiré d'une exploitation des besoins des travailleurs.

Or, c'est là le point où tous ceux qui font la critique du capitalisme moderne découvrent son injustice principale.

La juste valeur du travail n'est ni assurée ni respectée. Bien plus, il semble que l'une des sources du profit du capital soit un trafic portant sur la vie des travailleurs, dans des conditions rendues particulièrement dures par le perfectionnement même des moyens de production.

Nous en avons l'aveu des pères de l'économie politique (1). Ecoutons Jean-Baptiste Say décrire le marché où le capital va se procurer la force humaine nécessaire à sa fructification : «Les salaires de l'ouvrier, dit-il (2), se règlent contra-« dictoirement par une convention faite entre l'ouvrier et le « chef d'industrie : le premier cherche à recevoir le plus, le « second à donner le moins qu'il est possible ; mais dans « cette espèce de débat, il y a du côté du maître un avantage « indépendant de ceux qu'il tient déjà de la nature de ses fonc-« tions. Le maître et l'ouvrier ont bien également besoin l'un « de l'autre, puisque l'un ne peut faire aucun profit sans le « secours de l'autre ; mais le besoin du maître est moins « pressant. Il en est peu qui ne puissent vivre plusieurs « mois, plusieurs années même, sans faire travailler un seul « ouvrier ; tandis qu'il est peu d'ouvriers qui puissent, sans « être réduits aux dernières extrémités, passer plusieurs « semaines sans ouvrage. Il est bien difficile que cette diffé-« rence de position n'influe pas sur le réglement des « salaires. »

Précisément, en même temps que l'idée capitaliste pénétrait les esprits, se produisaient les inventions mécaniques qui allaient donner à la prédominance du capital sur le marché du travail une étendue sans précédents.

La poursuite du bénéfice et la concurrence amènent l'expulsion du travailleur par la machine. Les travailleurs remerciés, expropriés, ruinés, vont, avec l'insistance du besoin, offrir leur force de travail au capital qui grandit d'autant ses prétentions.

La prolétarisation des masses et le marché humain de la force de travail forment parties intégrantes de la théorie

(1) M. Barthélemy P. Borelli a fait un instructif relevé de ces aveux dans la Revue « Le XXe Siècle », Août 1890. Article intitulé : *Critique du Capitalisme.*

(2) Traité d'économie politique. Liv. II., ch. VIII., § IV.

nouvelle du capital. Ils ont marqué sa fécondité d'un stigmate homicide.

V. — *Violation du bien public et de la justice sociale dans les luttes de la concurrence.*

L'intérêt individuel est le grand moteur auquel la théorie moderne du capital abandonne la direction de son système économique.

Mais l'intérêt individuel n'est pas nécessairement d'accord avec le bien commun, les spéculations qu'il inspire peuvent être en opposition avec la fin sociale, pernicieuses pour les autres membres de la société et contraires à leurs droits.

La libre compétition des intérêts surexcite sans doute l'activité des transactions commerciales, mais elle ne leur impose aucune règle de bien public. Les idées de juste valeur, de juste prix, sont laissées dans l'oubli. Aucune considération des besoins sociaux, aucune organisation tutélaire de l'intérêt général ne président aux mouvements du commerce et à la détermination des prix. L'échange ne connaît d'autres lois que celles que lui impose la concurrence. *L'estimation commune* dont parlent les défenseurs du système n'est plus qu'un vain mot. Partout les intérêts individuels prédominent et tendent, chacun pour son compte, au pouvoir absolu; toute latitude est donnée aux spéculations que prohibaient jadis les mesures inspirées par cette maxime de la concurrence loyale, *vivre et laisser vivre.* Le champ est ouvert aux manœuvres d'accaparement et aux crises qu'elles occasionnent.

Ceci nous montre que l'exploitation du travail humain dans l'œuvre de la production n'est pas la seule origine condamnable des profits du capital moderne. Il y en a une autre : ce sont les spéculations ou manœuvres qui faussent la détermination sociale de la valeur des marchandises.

VI. — Dangers sociaux de la mobilisation de la propriété de toute richesse.

La théorie moderne du capital fait valoir très haut les avantages de la faculté de circulation qu'elle donne à la richesse et la supériorité de son système de mobilisation des biens de toute nature.

Il convient de ne pas accepter ces affirmations sans examen et sans réserves.

A côté des avantages que la mobilité du capital offre à la production, il y a de graves dangers sociaux.

L'opération rémunératrice dont le gain attire le capital peut très bien ne pas correspondre à la production la meilleure, la plus abondante, la plus conforme aux vrais intérêts de la société.

Bien plus, la fausse conception du capital a complètement altéré l'idée même de la production. On ne considère que le bénéfice à réaliser. Or, très fréquemment celui-ci a pour contrepartie, sinon pour origine, une destruction de la production telle qu'elle était établie précédemment, une désorganisation de la constitution sociale, une instabilité incompatible avec l'existence de la famille.

Dans une grande mesure, la production apparente du capital vient d'un simple déplacement des profits. Les entreprises nouvelles qui donnent des bénéfices s'élèvent sur les ruines des entreprises anciennes. En regard des fortunes qui s'élèvent, il faut placer toutes celles qui tombent. C'est en des spéculations qui ont ce but immédiat que les gros bataillons toujours mobiles du capital rapportent le plus à leurs maîtres. L'état de bouleversement continuel de la production est le terrain favorable à la fécondité que nous attribuons au capital.

Ces remarques nous éclairent sur le mode opératoire de la production indéfinie du capital-argent : pour rapporter, l'argent doit être toujours prêt à se retirer de l'affaire qui décline et à se porter vers celle qui donne des bénéfices; il doit même, pour gagner beaucoup, provoquer les élévations et les chutes.

Il est clair que ces résultats de la mobilisation de la propriété et de la richesse sont loin d'aller d'accord avec le bien social. La mobilisation offre, il est vrai, des facilités avantageuses au commerce et au crédit. Mais, en même temps que nous admettons fort bien l'utilité d'en user quand il est à propos, reconnaissons *l'absolue nécessité d'institutions faisant contre-poids dans un but de conservation sociale* : institutions de défense de l'intérêt général, institutions protectrices de la vie de famille et de la stabilité du foyer, institutions arrêtant l'accumulation des ruines privées, mettant obstacle, pour la sauvegarde du grand nombre, aussi bien aux tentations de la spéculation qu'aux abus commis contre la faiblesse.

VII. — *Perte des avantages du progrès matériel.*

Les vices qui viennent d'être relevés dans la théorie moderne du capital mènent à la destruction des avantages mêmes du progrès industriel contemporain. Ils y mènent de deux manières principales : *par le partage sans équité entre le capital et le travail, par les manœuvres ruineuses de la spéculation.*

Le spectacle des faits confirme ce que la logique permettait de prévoir : le progrès est confisqué et entravé.

L'immense développement de la production fait illusion, mais il est assez visible cependant que toute cette production est orientée à faux. L'accumulation des rentes et profits du capital tourne ses débouchés de préférence vers le luxe, vers les besoins de la minorité avantagée par le partage abusif des revenus, conséquence forcée des principes de la théorie à l'égard du travail. Les énigmatiques crises de surproduction des objets de première nécessité, en face du dénûment, avertissent les industriels que le régime capitaliste n'a pas pour but le bien-être de la population. Le poids des revenus usuraires fait dévier l'activité productrice de son application normale. Il a même une tendance à ralentir le développement de cette activité : l'objectif de la vie sans travail paralyse l'esprit d'entreprise, ainsi qu'on le constate dans un pays voué comme le nôtre au culte de la rente.

Ce qui fait moins d'illusion, c'est que les ruines, les crises, les arrêts de travail multipliés par les manœuvres de la spéculation détruisent matériellement, ou même empêchent de se produire les effets attendus du progrès industriel et commercial. Les concurrents visent à la destruction mutuelle de leurs établissements, l'épargne est dirigée vers les gouffres du genre de Panama, le souci des hauts bénéficiaires du régime capitaliste n'est pas de développer l'industrie moderne, c'est de l'accaparer ; il leur importe peu que ce soit au milieu des ruines.

*
* *

Après cette revue des vices principaux de la théorie moderne du capital, on comprendra que c'est seulement sous la réserve de modifications profondes, qu'il y a lieu de retenir les avantages signalés au début : la simplicité, une certaine harmonie, la conformité avec les besoins de l'industrie moderne.

Il reste à compléter notre recherche du bien et du mal dans la conception du capital moderne par l'examen annoncé de la critique et des doctrines de l'école socialiste.

Ce sera l'objet du chapitre suivant, destiné comme celui-ci à éclairer la voie vers un accord entre la justice traditionnelle et la nouveauté économique.

CHAPITRE IV

EXAMEN DE LA CRITIQUE ET DES DOCTRINES DE L'ÉCOLE SOCIALISTE SUR LE CAPITAL.

S'inspirant, elle aussi, des principes du Droit révolutionnaire fondé sur la pleine autonomie et la souveraineté de l'homme, l'école socialiste prétend les appliquer avec plus de logique que l'école du libéralisme économique Elle accuse celle-ci de mensonge pour avoir falsifié la liberté, en créant le capitalisme moderne.

« Pharisiens du libéralisme bourgeois, s'écrie Benoît « Malon (1), vous osez vous recommander de la liberté quand « les huit dixièmes de l'humanité sont astreints de l'aube à « la nuit à d'épuisantes journées qui durent parfois jusqu'à « des quatorze, seize et dix-huit heures d'un travail qui, « durement commandé, leur donne à peine le pain du jour « et ne les garantit jamais de la faim du lendemain et d'une « vieillesse abandonnée.

« Economistes sans entrailles, vous aurez la flétrissure de « l'impartiale histoire, pour avoir osé donner le beau nom « de *liberté du travail* à la monstrueuse, à la torturante, à la « dépressive, à la mortifère systématisation capitaliste de « l'exploitation de l'homme par l'homme, exploitation qui « n'a pas même épargné la femme et l'enfant. »

Selon l'école socialiste, le droit moderne de propriété du capital que les économistes ont fait passer pour une émanation des principes de la Révolution française est au con-

---

(1) *Le Socialisme intégral*. T. I, ch. VIII, § VII.

traire en opposition avec ces principes ; bien loin d'assurer la liberté des individus, elle est la cause de leur asservissement.

Assurément, le but que nous nous proposons dans cette étude du socialisme, n'est pas de déterminer laquelle des deux écoles applique le plus fidèlement les principes du Droit révolutionnaire que nous répudions. Ce n'est pas non plus de reproduire des plaintes déclamatoires où l'exagération évidente ferait méconnaître la part de réalité. Mais, la critique socialiste a une vraie valeur scientifique, supérieure même, chez quelques puissants esprits, à celle de l'école libérale. Cet examen de l'interprétation socialiste des phénomènes et des théories économiques, en nous éclairant, nous aidera dans la recherche des solutions à donner au problème du capital moderne ; en même temps nous aurons l'occasion d'indiquer les raisons de repousser les doctrines et le système du socialisme.

§ I.

Nature du capitalisme moderne d'après l'école du socialisme scientifique.

A. — *Le socialisme scientifique et l'économie politique classique.*

Les maîtres du socialisme scientifique n'ont pas que des invectives et du mépris pour les écrits des économistes. Ils se réclament au contraire de l'autorité d'Adam Smith et de Ricardo. Dans le chapitre premier de son livre du *Capital*, Karl Marx rend hommage à l'économie politique classique : « J'entends, dit-il, par économie politique classique, toute « économie qui, à partir de William Petty, cherche à pénétrer « l'ensemble réel et intime des rapports de production dans « la société bourgeoise, par opposition à l'économie vulgaire « qui se contente des apparences (1). »

(1) *Le Capital*, traduction M. J. Roy entièrement révisée par l'auteur, Ch. I. § IV. Note.

La méthode de l'école de Marx consiste à emprunter aux fondateurs de la science économique moderne leurs formules, pour les retourner contre le capitalisme et contre le droit de propriété privée.

Les conclusions sur le rôle du travail dans la production et l'échange des richesses, les axiomes de justice idéale que les économistes ont cru tirer de l'observation de l'harmonie économique naturelle servent d'appui aux thèses du socialisme scientifique. Nous avons dit au précédent chapitre qu'une des supériorités alléguées en faveur de la théorie nouvelle du capital était que, par une suite heureuse de la liberté des échanges, le travail semblait seul compter dans la valeur des produits échangés. Marx s'empare des opinions présomptueusement émises par les économistes à ce sujet, pour établir sa première base. Il nous montre les plus célèbres économistes « *complètement d'accord entre eux sur la mesure de la quantité* « *de valeur par la durée du travail* (1). C'est William Petty, Franklin, Adam Smith, Ricardo (2) qu'il interroge sur la nature de la valeur d'échange ; leur enseignement lui apprend que « c'est par le travail qu'on estime le plus exac- « tement la valeur de toutes choses », que « la valeur d'une « marchandise est toujours déterminée par la quantité de « travail incorporée en elle », que, par conséquent, explique-t-il, dans la notion de la valeur, la science économique fait abstraction de la différence des travaux échangés et les réduit à un travail humain égal.

C'est encore dans les écrits des économistes que, parmi des opinions à vrai dire bien différentes, l'école socialiste trouve affirmé le principe du droit naturel du travailleur au produit de son travail : « Ce qui constitue la récompense

(1) l. c.
(2) Le Capital. Ch. I, § II. III. IV. Notes.

« naturelle ou le salaire du travail, dit Adam Smith (1), c'est « le produit du travail ». Cet aveu, rapproché de la théorie de la valeur professée par l'économie politique classique, permet aux docteurs socialistes de conclure, comme nous allons le voir, qu'il n'y a, dans la valeur des produits, aucune place légitime pour le profit du capital.

B. — *Position du problème du capital.*

L'école du socialisme scientifique voit, comme nous, la caractéristique du capital moderne dans la fructification de l'argent. Le capital « fait avec de l'argent plus d'argent » (2). Cette opération qu'Aristote trouvait anormale, monstrueuse, est devenue de nos jours le fait ordinaire. Comment l'expliquer?

Et d'abord, où se passe ce grossissement de l'argent? c'est évidemment dans la circulation, à travers le mouvement des échanges, car l'argent thésaurisé dans un coffre ne grossit pas. Mais le simple mouvement de circuler ne suffit pas à nous renseigner, ce n'est ni dans le coffre de celui qui reçoit de l'argent, ni dans la consommation de celui qui en dépense, que se réalise le grossissement des écus primitifs. Il faut que l'argent soit employé dans un mouvement de circulation d'une nature particulière commençant par l'achat de marchandises matérielles ou marchandise-travail, avec l'objectif de revendre et par conséquent d'échanger à nouveau contre de l'argent : la revente qui suit *à un prix plus élevé* nous montre dans quelles circonstances et sous quelle forme se produit le grossissement de l'argent,

(1) *Recherches sur la nature et les causes de la richesse des nations*. Liv. I. Ch. VIII.

(2) Karl Marx. *Le Capital*. Ch. V.

Karl Marx (1) exprime ce phénomène et la circulation spéciale où il s'opère par une sorte de formule : A — M — A', c'est-à-dire, argent A — marchandises M — argent A', où l'on a : $A' = A + \Delta A$, c'est-à-dire, l'argent A' de la fin de la circulation plus grand d'une certaine quantité ΔA, que l'argent A du commencement. On a donc fait avec de l'argent plus d'argent. Cette relation peut s'offrir sous l'aspect d'une simple opération de commerce, achat d'une marchandise et revente avec bénéfice. Mais la forme fondamentale de la fructification du capital moderne est l'opération *industrielle* où la marchandise M, intermédiaire entre A et A', est composée en partie de travail salarié et où la revente a lieu après emploi de ce travail. *Le capital usuraire*, dont l'expression est simplement A — A', et *le capital commercial* ne sont même, nous dit Marx, que des formes dérivées se ramenant au *capital industriel*, forme fondamentale.

Si nous savons dans quelles circonstances et sous quelle forme se passe le grossissement ou fructification de l'argent, il reste à s'expliquer comment pareille métamorphose peut avoir lieu. Ce phénomène, pourtant si commun, a une apparence fort extraordinaire : il se passe en effet à travers la suite des échanges, où l'égalité de valeur des permutations, donc l'égalité en argent, expression matérielle et mesure pratique de la valeur, est la règle. D'ailleurs, observe Marx, supposerait-on cette règle violée qu'on n'aurait pas, pour cela, l'explication du phénomène permanent de la fructification du capital : Ce que les uns gagneraient, les autres le perdraient, ce que l'on gagnerait comme vendeur, on le perdrait comme acheteur et réciproquement ; dans l'ensemble la perte et le gain s'équilibreraient. Comment donc se fait-il qu'on puisse arriver à *vendre toujours plus cher*, dans cette circulation spéciale où l'argent fonctionne comme Capital?

---

(1) *Ibid.* Ch. IV. et V.

C. — *De la vente de la force de travail.*

Après avoir écarté de sa critique du capital l'hypothèse de profits obtenus au moyen de tromperies ou de lésions dans l'achat et la vente des marchandises, Marx en vient à résoudre l'énigme apparente du grossissement de l'argent à travers la suite des échanges.

Il y a, dit-il, une marchandise particulière, la *force de travail*, dont l'emploi, après achat, a précisément pour propriété d'être source de valeur, « de plus de valeur qu'elle « n'en possède elle-même » (1) et ainsi d'une plus-value qui s'apprécie en argent.

L'erreur des économistes, la faute de leur théorie du capital, consiste à n'avoir pas su distinguer la nature propre de cette marchandise. Ils ont confondu ensemble la *force de travail* que les capitalistes achètent et la *quantité de travail* que ceux-ci revendent dans les produits. Les économistes n'ont pas saisi la profonde différence qui existe entre le travail payé dans les prix des produits, et le travail payé à l'ouvrier. « Dans la différence du *quantum* du travail et des « *salaires* de travail, dans ce petit pli que vous écrasez si « lourdement, leur dit Lassalle (2), se trouve presque toute « l'économie politique, et surtout tout l'intérêt et tout le pro- « fit des capitalistes. »

La prétention des économistes à l'harmonie du libre jeu des intérêts reposait sur une équivoque résultant de la confusion, sous le seul nom de *travail*, de deux choses fort différentes.

---

(1) *Le Capital*. Ch. VI et VII.
(2) *Capital et Travail* ou *M. Bastiat-Schultze* (de Delitzch)

Une fois posée la distinction entre le travail et la force de travail, Marx raisonne comme il suit:

On peut sans doute admettre que toutes les marchandises se vendent à leur vraie valeur, soit, suivant la doctrine même des économistes, *au prix du travail dépensé* exprimé en argent. Mais, il y a une marchandise, la force de travail, qui a une nature spéciale, son emploi est de produire du travail : « L'usage ou l'emploi de la force de travail, c'est « le travail. L'acheteur de cette force la consomme en fai- « sant travailler le vendeur « (1). Or cette marchandise se vend non au prix du travail qu'elle produit, mais seulement, suivant la loi générale, au prix du travail qu'elle coûte elle-même, c'est-à-dire, au prix de l'entretien du travailleur. Par exemple (2), l'ouvrier qui travaille 12 heures produit une quantité marchande qui vaut 12 unités de valeur; s'il consomme, pour son entretien durant l'opération, des subsistances dont la production n'a coûté que 6 heures de travail, sa force de travail ne vaut que 6 unités de valeur ; il y a place, pour le capitaliste qui paye celle-ci et obtient le produit final, à un bénéfice ou *plus-value* de 6 unités de valeur.

Ce que l'on paye au travailleur, c'est sa force de travail, non pas son travail, non pas le produit de son travail. Et ceci est en contradiction aussi bien avec la règle du tien et du mien qu'avec les aphorismes de l'économie politique, car Adam Smith a dit dans le texte déjà cité : « Ce qui constitue « la récompense naturelle ou le salaire du travail, c'est le pro- « duit du travail. » Voilà la contradiction qui ruine la prétendue harmonie de l'économie classique.

Si la théorie de la valeur est bien celle que Marx assure, non sans apparence, avoir tiré des économistes, il est impossible de se soustraire aux raisonnements qui font ressortir

(1) *Le Capital*. Ch. VII. I.
(2) Ibid. II.

toute fructification de l'argent et tout profit du capital, comme un vol de travail, une spoliation des travailleurs. Il n'y a en effet, dans la suite de tous les échanges et transactions imaginables, qu'une seule marchandise, la force de travail, qui puisse être source de valeur et de plus-value, parce qu'elle est *source de travail et de plus de travail qu'elle n'en coûte elle-même.* Par ailleurs la valeur de toutes les autres marchandises et de toutes leurs utilités possibles est fixée *ne varietur* par la quantité de travail dépensée pour les produire. Toute valeur nouvelle apparaissant dans le cours des échanges et de la production sera entièrement composée de travail nouveau et devra, en bonne justice, revenir à l'auteur de ce travail.

D. — *Du rôle du capital et de l'antagonisme entre le capital moderne et le travail.*

Le revenu du capital moderne, suivant les prémisses de l'enseignement socialiste, provient de la revente périodique des marchandises ouvragées à un prix plus élevé que la somme d'argent, ou capital avancé, qui a été employée à l'achat des éléments divers de la production industrielle (1).

Karl Marx, pour les besoins de son analyse des phénomènes économiques du capitalisme, a ingénieusement imaginé de décomposer en deux parties le capital avancé dans l'œuvre de la production : le *capital constant* et le *capital variable* (2). Le capital constant est formé de la somme

---

(1) On peut rapprocher la définition du *système de production capitaliste* donnée par M. Rouanet dans sa leçon d'ouverture au Collège libre des sciences sociales : « Ce système consiste à produire pour le marché inter- « national des marchandises dont le prix de vente dépasse la somme des « frais avancés par le capitaliste pour les fabriquer ». — *Revue socialiste*, n° du 15 janvier 1896.

(2) *Le Capital*. Ch. VIII.

d'argent dépensée en moyens de production, matières premières ou auxiliaires, instruments de travail; le capital variable est l'autre somme d'argent qui est dépensée en force de travail, c'est-à-dire en salaires des travailleurs. L'appellation de *capital constant* vient de ce que cette partie du capital avancé ne varie pas de valeur durant le cours de la production : sa valeur est fixée, une fois pour toutes, par la quantité ou durée du travail que coûte la fabrication des moyens de production; cette partie du capital, composée des matières premières et de l'usure des machines, transmet au produit sa propre valeur, ni plus ni moins. Au contraire, l'appellation de *capital variable* vient de ce que cette autre partie du capital, celle qui achète la force ouvrière, change de valeur dans le cours de la production, elle transmet au produit plus de valeur qu'elle n'en contient elle-même, elle reproduit son propre équivalent et, de plus, un excédent, une plus-value.

Au début du procès de production, on avait, suivant les formules de Marx (1) : C (*capital avancé*) = c (*capital constant*) + v (*capital variable*). A la fin du procès de production, on a : C′ (*nouveau capital*) = c (*capital demeuré constant*) + v + △ v (*capital variable augmenté d'un incrément de lui-même*).

Cette quantité de valeur supplémentaire △ v est la plus-value p.

Karl Marx exprime le degré d'exploitation de la force de travail par le rapport de la plus-value au capital variable $\frac{p}{v}$. En se référant aux explications précédentes, on trouve que ce rapport appelé *taux de la plus-value* peut s'écrire sous les trois formes équivalentes ci-après : $\frac{\textit{Plus-value}}{\textit{Capital variable}} \left(\frac{p}{v}\right) = \frac{\textit{Plus-value}}{\textit{valeur de la force de travail}} = \frac{\textit{Surtravail}}{\textit{travail nécessaire}}$ (2). En effet, d'une

(1) *Ibid.* Ch. IX. I.
(2) *Ibid.* Ch. XVIII.

part, d'après la théorie de la valeur, la plus-value est égale à la quantité de travail que l'ouvrier abandonne au capital, ou, ce qui revient au même, à la durée du temps pendant lequel il travaille, non pour lui, mais pour le capitaliste; c'est ce que Marx nomme *surtravail*. D'autre part, la valeur du capital variable est égale à celle de la force de travail qu'il achète. Cette valeur est fixée par la quantité de travail que coûte l'entretien du travailleur, et c'est cette quantité ou durée de travail qui détermine la durée égale du temps où l'ouvrier travaillera pour lui-même, reproduisant simplement la valeur de son salaire; c'est ce que Marx nomme le *travail nécessaire*. Ainsi, une certaine durée du temps employé à la production capitaliste, par exemple la journée de travail (1), apparaît divisée en deux parties : l'une où l'ouvrier travaille pour lui-même, compensant la valeur du salaire nécessaire à son entretien, l'autre où il travaille pour le capitaliste, produisant, au compte de celui-ci, de la plus-value, travail non payé. Le rapport entre ces deux parties de la journée de travail indique le taux de la plus-value et le degré d'exploitation de la force ouvrière.

Si l'on se demande maintenant comment on peut grossir le taux de la plus-value ou la masse proportionnelle des produits attribuée au capital, il est aisé de voir qu'il y a deux manières d'y parvenir : ou bien augmenter le surtravail en prolongeant la journée de travail ; ou bien, la journée de travail restant la même, diminuer le temps pendant lequel le salarié travaille pour lui-même et reproduit la valeur de sa consommation journalière. Le surtravail, ou plus-value, obtenu de cette dernière façon est qualifié par Marx de *plus-value relative* (2). Dans ce cas il y a en réalité une baisse de valeur de la force de travail.

(1) *Ibid.* Ch. IX et X.
(2) *Ibid.* Ch. XII.

Or, c'est précisément à occasionner cette baisse que tend l'accroissement général du capital, son accumulation. Ce résultat si peu conforme aux rêves d'harmonie des économistes arrive de deux façons. D'abord, grâce à la multiplication des instruments de la production, les moyens de subsistance nécessaires à la vie exigent un temps de production de moins en moins long, la valeur de la force ouvrière devient dès lors de moins en moins grande, les travailleurs salariés, tout en pouvant avoir un sort matériel égal ou même amélioré, travaillent de moins en moins pour eux-mêmes. Ensuite, par l'effet des progrès du machinisme, les travailleurs sont remplacés; les travailleurs indépendants sont expropriés, les salariés sont dégagés de leurs salaires, ils vont offrir leurs bras sur le marché de la force de travail où ils amènent la baisse, d'après la loi de l'offre et de la demande. Sur ce marché les dés sont pipés, suivant l'expression de Marx. « Le capital agit des deux côtés à la fois. Si son accumulation « augmente la *demande* de bras, elle en augmente aussi *l'offre* « en fabriquant des surnuméraires. Les dés sont pipés. Dans « ces conditions la loi de l'offre et de la demande de travail « consomme le despotisme capitaliste » (1). La production croissante d'une surpopulation ouvrière, d'une armée industrielle de réserve, marche de pair avec l'accumulation du capital.

Une grande erreur des économistes (2) a été de s'imaginer que l'accroissement du capital amenait une demande proportionnelle de travail à salarier. Ils n'ont pas saisi que le nouveau capital, ce fruit de l'épargne d'une portion de la plus-value périodique ou revenu, se divise, de même que la valeur-capital dont il sort, en deux parties, *capital constant* et *capital variable*. Or, il n'y a que cette seconde partie seule

---

(1) *Ibid.* Ch. XXV. III.
(2) *Ibid.* Ch. XXIV. II.

à s'échanger contre des salaires et à provoquer la demande de la marchandise-force de travail. Bien plus, par suite de la tendance naturelle à donner au capital une composition technique telle que le plus grand produit possible soit obtenu avec la moindre dépense de travail possible, la capitalisation est l'origine d'un mouvement de décroissement progressif de la partie variable du capital par rapport à sa partie constante ; la capitalisation fait croître le capital constant, la masse des instruments et moyens mis en œuvre pour la production, elle fait décroître le capital variable, la somme employée corrélativement en salaires.

Karl Marx s'exprime ainsi à ce sujet (1) : « La loi selon laquelle une masse toujours plus grande des éléments constituants de la richesse peut, grâce au développement continu des pouvoirs collectifs du travail, être mise en œuvre avec une dépense de force humaine toujours moindre, cette loi qui met l'homme social à même de produire davantage avec moins de labeur, se tourne dans le milieu capitaliste — *où ce ne sont pas les moyens de production qui sont au service du travailleur, mais le travailleur qui est au service des moyens de production* — en *loi contraire*, c'est-à-dire, que, plus le travail gagne en ressources et en puissance, plus il y a pression des travailleurs sur leurs moyens d'emploi, plus la condition d'existence du salarié, la vente de sa force, devient précaire. L'accroissement des ressorts matériels et des forces collectives du travail, plus rapide que celui de la population, s'exprime donc en la formule contraire, savoir : la population productive croît toujours en raison plus rapide que le besoin que le capital peut en avoir.

« L'analyse de la plus-value relative nous a conduit à ce résultat : dans le système capitaliste toutes les méthodes pour multiplier les puissances du travail collectif s'exécutent aux dépens du travailleur individuel ; tous les moyens

(1) *Ibid.* Ch. XXV. IV.

« pour développer la production se transforment en moyens « de dominer et d'exploiter le producteur : ils font de lui un « homme tronqué, fragmentaire, ou l'appendice d'une machine; « ils lui opposent comme autant de pouvoirs hostiles les « puissances scientifiques de la production ; ils substituent « au travail attrayant le travail forcé ; ils rendent les con- « ditions dans lesquelles le travail se fait de plus en plus anor- « males, et soumettent l'ouvrier durant son service à un des- « potisme aussi illimité que mesquin ; ils transforment sa « vie entière en temps de travail et jettent sa femme et ses « enfants sous les roues du Jagernaut capitaliste.

« Mais toutes les méthodes qui aident à la production de la « plus-value favorisent également l'accumulation, et toute « extension de celle-ci appelle à son tour celles-là. Il en « résulte que, quel que soit le taux des salaires, haut ou « bas, la condition du travailleur doit empirer à mesure que « le capital s'accumule.

« Enfin la loi, qui toujours équilibre le progrès de l'accu- « mulation et celui de la surpopulation relative, rive le tra- « vailleur au capital plus solidement que les coins de « Vulcain ne rivaient Prométhée à son rocher. C'est cette « loi qui établit une corrélation fatale entre l'accumulation « du capital et l'accumulation de la misère, de telle sorte « qu'accumulation de la richesse à un pôle, c'est égale accu- « mulation de pauvreté, de souffrance, d'ignorance, d'abru- « tissement, de dégradation morale, d'esclavage, au pôle « opposé, du côté de la classe qui produit le capital même. »

Tel est, dépeint par Karl Marx, le caractère antagoniste de la production capitaliste.

— En reprenant les phénomènes économiques du revenu et de l'accumulation capitalistes, on peut résumer leur marche comme il suit :

Les travailleurs, privés des moyens de production, deviennent « vendeurs d'eux-mêmes » (1), ils vendent leur

(1) *Le Capital*. Ch. XXVI.

force de travail au prix de la consommation nécessaire à leur existence. Les capitalistes leur achètent cette valeur sous la forme et les différents modes du salaire. Les salariés reproduisent la valeur de leur consommation avec une plus-value et livrent le tout aux capitalistes. Ceux-ci gardent la plus-value comme revenu ; la valeur reproduite de la force de travail leur permet de solder et de continuer leurs achats de cette marchandise-travail, source de nouvelle plus-value, de nouveau revenu ; ainsi périodiquement et sans cesse (1).

Puis, il arrive que les capitalistes transforment en capital une partie de leurs revenus, une partie de la plus-value périodique (2) ; c'est l'épargne tant vantée des économistes. Mais l'effet, s'il grandit le rôle et le prélèvement du capital, n'est pas favorable au travail, contrairement aux prétentions de l'optimisme économique. L'accumulation du capital fait baisser la valeur de la force de travail, en réduisant le temps de travail nécessaire à la production des moyens de subsistance. Il est surtout désastreux pour la classe ouvrière par les progrès du machinisme et de la concentration des capiaux ; le marché de la force de travail est encombré d'une surpopulation dégagée de ses moyens d'existence, l'offre des bras avilit le prix de la marchandise-travail ; la loi de l'offre et de la demande grandit le despotisme du capital à mesure que celui-ci grandit lui-même en quantité. Que si les travailleurs cherchent à s'entendre, à s'associer, pour diminuer l'intensité de la concurrence qu'ils se font les uns aux autres, « aussitôt le capital et son sycophante l'économiste « de crier au sacrilège, à la violation de la loi éternelle de « l'offre et de la demande » (3).

Mais pourquoi un tel régime s'est-il établi ? Pourquoi le salarié fait-il ce marché spoliateur ? « Parce qu'il ne possède

(1) *Ibid.* Ch. XXIII.
(2) *Ibid.* Ch. XXIV.
(3) *Ibid.* Ch. XXVI.

« rien que sa force personnelle, le travail à l'état de puis-
« sance, tandis que toutes les conditions extérieures requises
« pour donner corps à cette puissance, la matière et les ins-
« truments nécessaires à l'exercice utile du travail, le pou-
« voir de disposer des subsistances indispensables au main-
« tien de la force ouvrière et à sa conversion en mouvement
« productif, tout cela se trouve de l'autre côté.

« Au fond du système capitaliste, il y a donc la séparation
« radicale du producteur d'avec les moyens de production » (1).

§. II.

DU SYSTÈME SOCIALISTE SUR LE CAPITAL

A. — Abolition de la propriété individuelle des moyens de production.

Tous les socialistes placent la source de la plus-value capitaliste et la cause de l'exploitation de la force ouvrière, dans l'institution de la propriété privée appliquée aux moyens de la production: c'est parce que les uns sont propriétaires de ces moyens indispensables au travail, tandis que les autres en sont dénués, que ceux-ci font l'offre de *leur force de travail* au prix de leur consommation la plus réduite et qu'ils se laissent spolier du produit de *leur travail.*

Il importe ici de bien se rendre compte de ce que les auteurs socialistes entendent par *propriété privée.* Pour eux, la propriété privée a, essentiellement et nécessairement, un caractère d'absolutisme égoïste; ils la représentent, ainsi que nous l'avons noté au chapitre I, répondant à la conception matérialiste qui leur est commune avec les économistes libéraux. Nous avons entendu Marx nous dire que la

(1) *Ibid.* Ch. XXVI.

propriété privée du capital, c'est « la séparation *radicale* du « producteur d'avec les moyens de production », c'est le travailleur tellement en dehors de l'ordre naturel où les moyens de production sont faits pour le servir, qu'il est mis lui-même « au service des moyens de production ». Nous avons cité cette assertion de M. Jaurès (1) que, si la propriété privée est un droit, il s'en suit que quelques « hommes ont le « droit de détenir les moyens de production et de *réduire les* « *autres hommes à n'être que des instruments* ».

Entendue de la sorte et appliquée aux moyens de production, la propriété privée est dénoncée comme le grand mal social. Pour le guérir, les docteurs socialistes ne voient et ne proposent qu'un moyen : l'abolition pure et simple du droit de propriété privée à l'égard des moyens de production, « l'expropriation de quelques usurpateurs par la masse » (2), la remise de la propriété à l'Etat qui, lui, gérera dans l'intérêt de tous. « Le collectivisme, formule suprême du socia- « lisme, dit M. Jaurès (3), est la substitution de la nation, « de la collectivité sociale, aux individus, dans la propriété « des moyens de production. Quand la nation sera proprié- « taire des usines, de l'outillage, des avances nécessaires au « travail, des magasins, de la terre, en un mot de tous les « moyens de production, de transport et d'échange, alors le « collectivisme sera réalisé. Il n'y aura, au sens plein du mot, « qu'un seul industriel, qu'un seul commerçant, qu'un seul « propriétaire foncier : la nation. Et, par là même, le dernier « jour sera passé de l'exploitation de l'homme par l'homme, « de la sujétion de l'homme à l'homme, de l'horrible lutte de « l'homme contre l'homme. »

Les auteurs socialistes tiennent parfois un langage curieux qui dénote bien, sur le droit de propriété, une équi-

---

(1) *Organisation socialiste.* Ch. I. Dans la *Revue socialiste* du 15 mars 1895.
(2) Karl Marx. *Le Capital.* Ch. XXXII.
(3) Article cité.

voque que nous relèverons plus loin. Ces destructeurs de la propriété se posent tout à coup en défenseurs et restaurateurs du droit de propriété. Par l'abolition de la propriété privée, Marx prétend rétablir « *la propriété individuelle du* « *travailleur* ». Lorsque l'auteur qui parle est impressionnable et qu'il possède un tempérament d'orateur préoccupé de l'opinion publique, on ne sait plus que penser au milieu des phrases contradictoires. Après avoir défini la *propriété privée* de la façon la plus radicalement pessimiste, M. Jaurès vient nous dire (1) que le socialisme constituera « *à* « *l'état de fonction sociale la propriété privée* », qu'il assurera « *à tout homme une part de propriété* » et, qui plus est, « *une* « *part définie de propriété* » ; plus loin, il parle de l'admirable fécondité du travail « *avec une autre forme de propriété que* « *la forme actuelle* ». Qu'est-ce à dire ? Les socialistes sont-ils ennemis ou partisans de l'institution de la propriété, veulent-ils l'abolir ou la réformer, la détruire ou la sauver ?

Avec cette incertitude de langage et cette crainte de heurter le sentiment du genre humain favorable à l'idée de propriété, il serait surprenant qu'il n'y eût pas hésitation et confusion dans la façon d'entendre et de définir le collectivisme. Benoît Malon (2) énumère « neuf conceptions différentes du collectivisme », il dit que le collectivisme est une transaction entre l'ancien communisme et l'individualisme régnant. Malon affirme qu'il y a une différence absolue entre le collectivisme et le communisme ; au contraire M. Jaurès (3) voit dans le collectivisme « cette forme du communisme qui « peut succéder immédiatement à l'ordre capitaliste, et qui ensuite évoluera sans secousse *vers le communisme libertaire.* » On trouvera ici encore un manque de concordance dans les

(1) *Organisation socialiste.* Ch. II, dans la *Revue socialiste* du 16 avril 1895.

(2) *Le Socialisme intégral.* T. I. Ch. VI. § VII.

(3) Articles cités.

opinions émises par l'orateur socialiste ; il qualifie de simple étape du communisme ce collectivisme appelé, ailleurs, par lui « *formule suprême du socialisme* » ; dans son désir de parer de toutes les perfections l'image du régime social qu'il décrit, il annonce à la fois que le collectivisme réalisera le communisme cher aux anarchistes et qu'il attribuera à chacun « une part définie de propriété ».

Nonobstant ces hésitations, l'école socialiste est tenue par sa théorie de la valeur d'être radicale dans son collectivisme. Le seul moyen de réaliser un système social d'accord avec la théorie de la valeur-travail et de faire que chacun jouisse, ni plus ni moins, de la valeur qu'il produit, c'est de réunir en une propriété collective tous les moyens de production, chacun étant admis à prélever pour sa consommation, dans la masse des produits, une quantité proportionnelle à la durée de son travail. En dehors de là, toutes les inégalités d'attribution ne peuvent exister qu'en violation de l'idée fondamentale de la théorie socialiste de la valeur, idée dérivée du dogme de l'égalité humaine, d'après laquelle il y a « égalité « et équivalence entre tous les travaux, parce que et en tant « qu'ils sont du travail humain » (1). Tout reste d'appropriation privée et de perception de bénéfices personnels dans la production aboutit à un détournement, au préjudice des autres membres de la société, d'une certaine quantité de cette durée moyenne du travail productif, de ce temps de travail social, qui forme la valeur.

B. — *Marche de l'évolution économique.*

L'avénement du système socialiste, d'après les docteurs de l'école, ne doit pas être imaginé sous l'aspect d'un bouleversement social, comme le produit d'une révolution au sens vulgaire du mot ; il est l'aboutissement des transformations

---

(1) Karl Marx. *Le Capital.* Ch. I. § III.

historiques que subit le corps social, il est le terme de l'évolution causée par les changements économiques et les nouveaux modes de production de l'époque moderne. L'établissement de l'ordre socialiste est moins un objet de revendications de justice *a priori* qu'un objet de prévisions scientifiques.

L'œuvre de Karl Marx, suivant un jugement accepté par lui (1), est une étude de philosophie économique qui « envisage le mouvement social comme un enchaînement naturel de phénomènes historiques, enchaînement soumis à des lois qui, non seulement sont indépendantes de la volonté, de la conscience et des desseins de l'homme, mais qui, au contraire, déterminent sa volonté, sa conscience et ses desseins..... La valeur scientifique particulière d'une telle étude, c'est de mettre en lumière les lois qui régissent la naissance, la vie, la croissance et la mort d'un organisme social donné et son remplacement par un autre supérieur. »

Suivant la conception historique de Marx, l'organisation de la société antérieure à la période moderne a été décomposée de fond en comble sous l'action du mode nouveau de la production. Le régime capitaliste s'est établi sur les ruines de la propriété des travailleurs indépendants et des garanties d'existence de l'ancien ordre corporatif. La marche de l'évolution commencée par l'accumulation capitaliste sera continuée par l'avénement du régime collectiviste : « Les lois immanentes de la production capitaliste aboutissent à la concentration des capitaux. Corrélativement à cette centralisation, à l'expropriation du grand nombre des capitalistes par le petit, se développent sur une échelle toujours croissante l'application de la science à la technique, l'exploitation de la terre avec méthode et ensemble, la transformation de l'outil en instruments puissants seu-

(1) *Le Capital*. Extrait de la postface de la seconde édition allemande.

« lement par l'usage commun, partant l'économie des « moyens de production, l'entrelacement de tous les peuples « dans le réseau du marché universel, d'où le caractère « international imprimé au régime capitaliste. A mesure « que diminue le nombre des potentats du capital, qui usur« pent et monopolisent tous les avantages de cette période « d'évolution sociale, s'accroît la misère, l'oppression, l'es« clavage, la dégradation, l'exploitation, mais aussi la résis« tance de la classe ouvrière sans cesse grossissante et de « plus en plus disciplinée, unie et organisée par le méca« nisme même de la production capitaliste. Le monopole du « capital devient une entrave pour le mode de production « qui a grandi et prospéré avec lui et sous ses auspices. « La socialisation du travail et la centralisation de ses « ressorts matériels, arrivent à un point où elles ne peuvent « plus tenir dans leur enveloppe capitaliste. Cette enveloppe « se brise en éclats. L'heure de la propriété capitaliste a « sonné. Les expropriateurs sont à leur tour expropriés (1). »

Cette conception biologique de l'économie sociale sert de thème à de nouvelles critiques contre l'économie politique classique. Les premiers économistes, disent les auteurs socialistes, ont erré en comparant les lois économiques aux lois immuables de la physique et de la chimie ; du moins ils ont oublié une loi supérieure, la loi d'évolution. Les tenants de cette école surannée sont aveuglés, suivant l'expression de M. Rouanet (2), par une « taie philosophique qui les « empêche d'envisager les phénomènes économiques dans « leur devenir. » Le socialisme, nous dit le même auteur, est « une philosophie de la formation des sociétés. »

La foi au progrès est une des bases du système exposé par les socialistes : ils annoncent que l'évolution sociale est progressive par une sorte de nécessité. L'organisme qui

---

(1) *Le Capital.* Ch. XXXII.

(2) *La philosophie socialiste*, dans la *Revue socialiste* du 15 janvier 1896.

disparait est remplacé « par un autre supérieur ». Actuellement, après l'époque capitaliste qui a été un progrès, va venir l'époque de l'affranchissement de la classe prolétarienne : celle-ci « mettra fin, par une organisation sociale de « la production et de la répartition des richesses, par l'uni- « versalisation du savoir et des avantages sociaux, aux « antagonismes des classes elles-mêmes fondues dans l'hu- « manité heureuse et libre » (1). Cette issue historique fatalement favorable à l'humanité est le résultat du développement social sous l'action dominante des facteurs économiques, des faits et des intérêts d'ordre matériel.

Un groupe considérable de l'école socialiste, en France, a essayé de réagir contre l'interprétation exclusivement matérialiste d'une doctrine qui montre « le développement hu- « main conduit par une force aveugle, brutale, impassi- « ble » (2).

Les idées de Karl Marx ont conduit à un véritable *matérialisme historique* : « En vertu de cette théorie, l'homme, « dominé par les conditions matérielles de son existence, « subit fatalement la forme sociale qu'elles lui imposent : et « sa volonté est incapable de changer cette forme ; car sa vo- « lonté est serve et non maîtresse des faits. C'est seulement « bien plus tard, quand il connaîtra les lois qui régissent sa « propre action et saura les tourner à son usage, qu'il « pourra faire son histoire, diriger sa destinée, agir enfin « sur les choses en être conscient et libre. » — M. Deville écrivait en ce sens : « Les conceptions de justice, de liberté, « d'utilité obéissent aux faits *et ne leur commandent pas* ». — Et M. Guesde disait plus tard : « Ce ne sont pas les désirs « de l'homme qui mènent le monde, mais le monde qui, par « ses transformations successives, nécessaires, crée nos

(1) Benoît Malon. Le *Socialisme intégral*. T. I, ch. IV, § III.
(2) G. Rouanet. *Ibid.*

« sentiments, nos désirs, ce que l'on appelle encore notre « idéal » (1).

Beaucoup de socialistes français ne se résignent pas à admettre que les idées et les aspirations d'ordre moral soient « choses sans portée ». Ils cherchent à faire une place dans l'évolution sociale au facteur moral, à sauver l'idéal, la conception et le sentiment de la justice, en tant que forces agissantes. Ils ne parviennent cependant qu'à donner à ces mobiles une place secondaire et dépendante du *processus économique* : leur philosophie antispiritualiste les contraint à subordonner quand même l'esprit à la matière, leur défense se borne à expliquer que les idées naissent du milieu ambiant pour réagir ensuite sur ce milieu, qu'elles « deviennent causes après avoir été effets » (2).

Les revendications de justice qui semblent occuper tant de place dans le système socialiste sont en réalité réduites par les docteurs de l'école à un rôle surtout d'apparence. L'ascension de l'humanité vers le progrès est, dans ce système, une affirmation qui reste entourée de mystère ; quel est en effet le critère du progrès humain et sur quoi repose la foi au progrès humain ?

§ III

VICES DE LA CRITIQUE ET DU SYSTÈME DE L'ÉCOLE SOCIALISTE

A. — Inexacte théorie de la valeur.

a. — Le premier fondement des critiques et des raisonnements de l'école du socialisme scientifique est une théorie de la valeur qu'on peut résumer dans la suite des quatre propositions ci-après : Le travail seul compte dans la valeur

---

(1) *Le Socialisme intégral et le Marxisme*, par Georges Renard. *Revue socialiste* du 15 mai 1896.

(2) Georges Renard. *Ibid.*

des diverses marchandises ; — Le travail a lui-même pour mesure sa durée dans le temps ; — Tous les travaux, quelle que soit leur espèce, sont égaux entre eux ; — Le temps de travail qui forme la valeur des produits est la moyenne du temps de travail socialement nécessaire à leur production.

Cette théorie, rappelons-le, est présentée, moins comme une revendication de justice, que comme la constatation des phénomènes tels qu'ils se passent par suite du jeu de la liberté moderne des échanges, constatation appuyée sur l'autorité des pères de l'économie politique. Karl Marx va jusqu'à dire que la détermination de la valeur des marchandises à travers les rapports d'échange par « le temps de travail « social nécessaire à leur production » est l'effet d'une « loi « naturelle régulatrice » (1) comparable à la loi de la gravitation.

b. — On le voit, Marx et son école chassent complètement la notion de l'*utilité* de la détermination de la valeur. Ils reconnaissent bien qu'il n'y a pas valeur sans utilité : « Aucun objet, dit Marx (2), ne peut être une valeur s'il « n'est une chose utile. S'il est inutile, le travail qu'il ren- « ferme est dépensé inutilement et conséquemment ne crée « pas de valeur. » Mais ils prétendent que la valeur des richesses, dans l'échange, s'établit en dehors de cette considération. Leur système débute par éliminer de l'appréciation de la valeur ce qui forme, semble-t-il, l'élément primordial de la valeur, à savoir : l'utilité. Or, il est impossible d'admettre que pareille élimination soit conforme aux faits.

Il y a là, dans le système socialiste, une pétition de principes : la valeur ne se déterminerait de la façon exposée que si la propriété privée était déjà supprimée, que si la production des choses utiles et leur échange étaient déjà devenus service public suivant les données du Collectivisme. Tant que

(1) *Le Capital*. Ch. I, § IV.
(2) *Ibid*. Ch. I, § I.

demeurera l'appropriation privée des biens, l'utilité de ceux-ci, leur qualité de richesse plus ou moins grande, comptera dans la valeur, telle qu'elle résulte du mouvement des transactions et de l'estimation générale, sans qu'il y ait une concordance nécessaire avec la quantité, et spécialement avec la durée du travail dépensé. Il est assez singulier que, sous couleur d'obtenir la notion de la *valeur d'échange* dans sa pureté, Karl Marx en arrive à supprimer l'échange, lequel en effet suppose la distinction des propriétés.

Au contraire, lorsque la production et l'échange s'accomplissent librement sous le régime de la propriété personnelle, l'idée d'*utilité* prime et domine celle de *travail* dans la conception de la valeur. Les choses ont de la *valeur*, autrement dit de la *puissance d'échange*, non parce qu'elles sont le produit du travail, mais parce qu'elles répondent au goût public, parce qu'elles contiennent une utilité désirable, recherchée, et dans cette mesure-là même. C'est à cause de cela que le travail s'applique à les produire, l'idée de la valeur des choses précède le travail, elle le dirige au lieu d'être réglée par lui.

c. — Marx a abusé des écrits des économistes en prétendant appuyer sa théorie de la valeur sur leur autorité.

Les économistes n'ont guère fait que constater qu'il faut, pour constituer la valeur des objets, outre l'utilité, un certain degré de rareté, qu'il y a généralement des difficultés, des obstacles à vaincre, pour obtenir et multiplier les objets de valeur, qu'il y a par conséquent de la peine à se donner, des efforts à faire, du travail à dépenser. Ils ont mis en lumière une tendance réelle, entre le travail et la valeur, à se faire mutuellement équilibre, le travail se portant toujours vers la valeur. Ils ont, il est vrai, exagéré leurs conclusions dans le sens d'un accord mutuel entre la valeur et le travail et essayé d'échafauder un système d'harmonie économique de la liberté humaine à la poursuite de la richesse; ils ont ainsi fourni des armes à Karl Marx.

Mais la façon de présenter la corrélation entre le travail et la valeur reste profondément différente chez les économistes et chez Marx. Celui-ci voit dans la *valeur-travail un ordre économique préétabli et nécessaire.* A l'inverse les économistes débutent par voir dans la valeur : l'utilité, la rareté, le goût du public. Ils montrent, conformément aux faits, que le travail se dirige vers la valeur, plutôt à cause de la part de gratuité qu'elle contient; parce que, dans telle ou telle branche de la production, le même travail produira plus de valeur. L'hypothèse est précisément contraire à l'ordre préétabli de Marx.

d. — Afin de mettre sur pied sa théorie de la valeur-travail, Karl Marx a dû recourir à des suppositions, ou propositions accessoires qui contiennent une part considérable d'arbitraire.

C'est une affirmation gratuite et nullement incontestable de dire que le travail a lui-même « pour mesure sa durée « dans le temps » (1) et que toute valeur doit ainsi s'exprimer par un certain nombre d'heures de travail.

C'est une autre affirmation qui ne semble acceptée que des révolutionnaires les plus avancés de prétendre qu'en vertu de l'égalité humaine, il y a aussi égalité entre tous les divers genres de travaux, et qu'une énergie humaine quelconque en vaut une autre: « Le secret de l'expression « de la valeur, a dit Marx, l'égalité et l'équivalence de tous « les travaux, parce que et en tant qu'ils sont du travail « humain, ne peut être déchiffré que lorsque l'idée de l'éga- « lité humaine a déjà acquis la tenacité d'un préjugé popu- « laire » (2). — Beaucoup de ceux qui suivent ou sont tentés de suivre la théorie de la valeur-travail protestent contre cette interprétation : ils veulent conserver une hiérarchie des

(1) *Le Capital*. Ch. I, § I.
(2) *Ibid*. Ch. I, § III.

travaux, une valeur, une rémunération, proportionnée aux différents genres de travaux. Remarquent-ils qu'ils font dès lors prédominer, dans la notion de la valeur, l'idée d'utilité, d'*utilité sociale ?*

En substituant le travail à l'utilité, Marx expose qu'il fait ainsi la clarté dans la détermination des valeurs, qu'il trouve ce « *je ne sais quoi* » (1) qui, suivant Aristote, doit régler l'égalité des échanges. Mais il est aussitôt contraint de reconnaître que le travail, considéré individuellement, est aussi insaisissable, comme mesure, que l'utilité ; il parle donc du travail socialement apprécié. En parlant d'utilité sociale, d'utilité socialement appréciée, on arrive de même à ce résultat de rendre possible la mesure de la valeur et l'observation de la loi d'égalité de l'échange. Il est nécessaire pour cela de s'élever au-dessus du point de vue individuel, il n'est pas besoin de substituer l'idée de travail à celle d'utilité.

e. — Tout l'appareil scientifique déployé par Karl Marx contre le capital revient à une méthode de critique fondée, non sur une vraie théorie de la valeur, mais sur une hypothèse de mesure de la valeur par le temps de travail et sur une analyse de l'emploi du travail social dans son ensemble.

Cette méthode, conduite par son auteur avec une grande puissance de dialectique, amène à reconnaître des tendances réellement anti-harmoniques dans la production des richesses, suivant l'économie moderne. Il est exact qu'à mesure que le capital se développe, il y a tendance à ce que les travailleurs emploient de moins en moins leur temps à travailler pour eux-mêmes, sans d'ailleurs qu'ils soient pour cela nécessairement lésés : on peut supposer telle population arriérée où chacun travaillait pour soi pendant 12 heures par jour, ayant à peine de quoi vivre ; après l'introduction d'un capi-

(1) *Ibib.*

tal, machines et approvisionnements, il arrivera, par exemple, que chacun ne travaillera plus que 10 heures, ayant largement de quoi vivre, mais employant 4 heures par jour à travailler pour les capitalistes, de façon à payer l'intérêt ou l'amortissement du capital. Néanmoins, même avec des exemples aussi optimistes, il serait contraire à l'harmonie sociale que le progrès matériel conduisît une partie de l'humanité à employer son temps, d'une façon continue, de moins en moins à travailler pour elle, de plus en plus à travailler pour autrui. La méthode critique de Karl Marx, en découvrant les conditions particulières de la vente de la force de travail, montre que, d'après les principes du régime capitaliste, c'est la tendance contraire à l'harmonie sociale qui doit l'emporter.

f. — L'erreur de la théorie socialiste est la rupture de toute attache reliant la valeur à l'ordre des réalités de la richesse et de la production. Il n'y a plus de relations entre les mouvements de la valeur et le développement de la production, de la richesse, de la chose même à mesurer. Que la richesse soit petite ou grande, que la production soit minime ou abondante, la valeur est la même, si le nombre d'heures de travail est le même.

Par sa fixation invariablement arrêtée des valeurs en raison seule de la durée du travail accompli, cette théorie condamne à mort le travail, dès qu'il est passé, fini dans le temps. Ce travail ne peut plus créer de valeur, quand bien même sa puissance n'est pas épuisée et qu'il continue à produire par sa liaison avec un nouveau travail qui le continue, en s'associant à lui dans l'œuvre de la production. Cette théorie nie implicitement le concours entre le capital et le travail : elle nie que ce concours puisse, en causant une augmentation de la production, causer une augmentation de valeur.

B. — *Fausseté de l'aspect nécessairement spoliateur donné à la plus-value du capital.*

Au moyen de l'artifice de sa théorie de la valeur, Karl Marx fait ressortir la plus-value du capital sous l'aspect d'un certain temps de travail que le capitaliste s'approprie sans le payer au travailleur : « Tout le secret de la faculté « prolifique du capital, dit-il (1), est dans ce simple fait « qu'il dispose d'une certaine somme de travail d'autrui « qu'il ne paye pas. »

Mais, la plus-value n'a pas nécessairement, dans l'œuvre de la production, cette forme spoliatrice d'une part de travail obtenue sous la pression du capital. La véritable plus-value a une base dans la réalité, elle a pour cause non pas une durée de *travail* supplémentaire, mais une quantité *d'utilité*, de richesse, supplémentaire réalisée par la production. Le but normal de la coopération du capital avec le travail, c'est de produire plus de richesse qu'il n'en serait obtenu sans elle, ce n'est pas de faire durer le travail plus de temps que n'en ont absorbé les éléments dépensés dans la production. Lorsque la plus-value est *appréciée en utilité*, en quantité de richesse, le prélèvement d'une part au profit du propriétaire du capital n'offre plus aucun aspect choquant. Le Capital ne parait pas un vampire suçant du travail vivant, si, loin de disputer à celui-ci sa subsistance nécessaire, il lui fait retirer de l'association une part dans le surplus. L'attribution au capital d'une part de plus-value est, par ailleurs, une dette de justice, en tant que la production d'une valeur plus grande que la valeur consommée est due au concours du travail transformé par l'épargne en capital, avec le travail appliqué au dernier acte de la production. Dans un pareil concours, *le travail ancien* et le *travail nouveau* sont tous deux *causes* du progrès de la produc-

(1) *Le Capital*. Ch. XVIII.

tion, il y a une *continuation du travail* plutôt qu'une opposition mettant en regard le travail mort et le travail vivant.

Entre le capital et une certaine part de revenu ou de plus-value, il existe véritablement un rapport de causalité. Si l'on considère que le capital moderne représente l'ensemble des avantages de la propriété, on voit que cette causalité peut se rattacher à deux origines : d'abord, suivant la vieille règle de droit « *res fructificat domino* », à *l'appropriation des forces et utilités naturelles*, dans la mesure où elle est légitime; puis *au travail lui-même* dans la proportion de plus en plus considérable où il est réalisé, pour le progrès de la production, sous la forme *d'épargne*.

Sans doute, la plus-value a un aspect irrationnel si on représente le capital comme une valeur qui s'augmente d'elle-même, qui engendre de la valeur, comme de l'argent qui engendre de l'argent. Mais ce qu'on expose est différent. Ce n'est pas la valeur qui est source d'une plus-value ; ce sont les *causes de la production*, forces naturelles appropriées, travail réalisé dans l'épargne, qui, concourant avec le travail actuel, engendrent une production plus grande et, par là, une plus-value.

C. — *Permanence des raisons de légitimer la propriété privée.*

Le socialisme propose, dans le but de faire rendre à chacun la valeur produite par son travail, de supprimer la propriété individuelle, du moins vis-à-vis des biens qui sont moyens de production.

Mais l'école socialiste, uniquement attachée aux suites de sa théorie de la valeur, ne se préoccupe pas de réfuter les arguments qui, par ailleurs, militent en faveur du maintien de la propriété privée. Ces arguments conservent toute leur force, malgré ce qu'il peut y avoir de fautif dans le mouvement et la distribution des valeurs sous le régime du capitalisme moderne.

Il est certain que l'institution de la propriété, et spécialement de celle qui s'applique aux moyens de production, est conforme à des raisons permanentes tirées de la nature de l'homme. C'est là, suivant les arguments toujours valables développés par saint Thomas, une institution essentielle à la société humaine, nécessaire à sa prospérité, à son bon ordre, à sa paix (1).

Bien plus, l'abolition de la propriété, préconisée par le socialisme, constituerait une violation évidente des droits du travail. « De même que l'effet suit la cause, ainsi est-il juste « que le fruit du travail soit au travailleur », tel est le principe sur lequel l'encyclique de Léon XIII (2) appuie la réfutation du socialisme et la consécration du droit de propriété mobilière et immobilière. Les socialistes, sous prétexte d'empêcher qu'on ne s'attribue le fruit du travail d'autrui, refusent à l'homme le droit de posséder en qualité de propriétaire les biens qui sont produits par son activité, avec leurs qualités et utilités diverses : or, par là précisément, ils dépouillent l'homme du fruit de son travail. Sans doute, le respect du droit du travailleur sur le fruit de son travail, au milieu des complications et de la concentration de l'industrie moderne, suppose un véritable progrès des institutions; mais la violation de ce droit par l'abolition de la propriété privée serait le contraire de la justice et du progrès.

C'est ici le lieu de relever l'équivoque dont les socialistes abusent contre le droit de propriété. Ce droit, suivant sa véritable nature, n'est nullement, comme le disent les socialistes, en s'appuyant encore sur l'autorité des économistes, « le droit de réduire les autres hommes à n'être que des « instruments », le droit de mettre les travailleurs « au service « des moyens de production » comme des sortes d'accessoires des machines. Non, le véritable droit de propriété est autre,

---

(1) S. th. 2a 2æ, Quæst. LXVI. Art. II.

(2) Encyclique *Rerum novarum*.

il n'a pas le caractère d'absolutisme égoïste que lui a donné l'économie moderne. Répétons-le (1) : Dans la possession de la richesse, dans les multiples commutations et échanges de services auxquels elle donne lieu, celui qui détient le droit de propriété doit respecter les droits des autres hommes, la communauté de fin, la dignité et la fraternité chrétienne qui les unissent les uns aux autres ; la propriété est soumise à des devoirs de justice et de charité, cette façon de l'entendre est la seule qui puisse en sauver l'institution. Non, le droit de propriété n'autorise pas l'exploitation des besoins des travailleurs, qui fait la force de la critique socialiste contre le capital.

La justice sociale restant la règle supérieure des institutions, le régime de la propriété individuelle appliquée à la production offre une grande supériorité en raison de ses stimulants naturels : libre essor de l'activité personnelle, recherche du mieux-faire, récompense de l'épargne, plus-value dans le développement de la production, etc. On a vu que la théorie socialiste de la valeur conduisait nécessairement au collectivisme le plus radical. Nous n'avons pas à faire ici le tableau des inconvénients de ce régime, tels que : l'activité personnelle éteinte, la contrainte continuelle, le fonctionnarisme avec ses corruptions. Les dangers du système s'offrent si bien à l'esprit que les panégyristes du collectivisme, au milieu de leurs descriptions enthousiastes, sont eux-mêmes hantés par le doute et la crainte. Parlant des abus actuels de la puissance de l'État, M. Jaurès (2) dit : « *Ou bien nous manquerons notre entreprise*, ou l'État nouveau « sera délivré de cet esprit de lutte et de cet attirail de guerre « civile. Il n'aura pas le caractère de la contrainte. » Et plus loin : « Si dans l'ordre social *rêvé* par nous, nous ne rencon-

(1) Voir chapitre I.
(2) *Organisation socialiste*. Ch. II. *Revue socialiste*, avril 1895.

« trions pas d'emblée la liberté, la vraie, la pleine, la vivante « liberté, si nous ne pouvions pas marcher et chanter et « délirer même sous les cieux, respirer les larges souffles « et cueillir les fleurs du hasard, nous reculerions vers la « société actuelle, malgré ses désordres, ses iniquités, ses « oppressions. » C'est faire de l'invraisemblance à plaisir et témoigner peu d'assurance sur l'avenir vers lequel on nous pousse ; la sagesse conseille aux amis de la liberté de garder la société actuelle. Les collectivistes nous promettent, il est vrai, de conserver la libre propriété avec une jouissance sans frein à l'égard des moyens de consommation : « Quand chaque travailleur aura reçu le produit intégral de son tra-« vail, dit encore M. Jaurès (1), il en usera à son gré : il « achètera ou il louera ce qu'il voudra, de beaux apparte-« ments, des chevaux, des fleurs, et même des femmes, si « cette marchandise est encore à vendre dans la société nou-« velle. » On n'a garde de fermer aucune perspective de la jouissance aux membres de la société future. Mais la distinction entre les moyens de consommation et les moyens de production n'est pas bien tranchée en pratique ; l'homme sera ressaisi par l'engrenage collectiviste s'il a le goût du travail, s'il veut faire quelque industrie ou commerce et employer à la production ses moyens de consommation. Les promesses collectivistes sont de faibles sauvegardes pour la propriété et la liberté.

D. — Fausse théorie de l'évolution progressive sans facteur moral.

La philosophie matérialiste et la passion antireligieuse des socialistes ont fait tomber dans une grave erreur leur théorie de l'évolution sociale. Ils ont éliminé le facteur

(1) *Organisation socialiste.* Ch. I. *Revue socialiste*, mars 1895.

moral comme élément dominant de l'évolution progressive.

Les idées de moralité et de justice, les mobiles puisés aux sources supérieures à l'égoïsme humain, doivent grandir en proportion du développement économique. A eux de déterminer de grands et heureux changements sociaux, de venir animer un nouvel organisme social, d'ordonner son mouvement vital vers la fin commune au milieu des manifestations de la concurrence pour la vie entre individus.

Sans cette victoire continuelle de l'esprit sur l'animalité humaine, les progrès purement matériels et le développement des richesses deviennent les occasions de la décadence sociale. La marche progressive de l'évolution n'a pas ce caractère de fatalité que lui attribue l'école socialiste. Il peut y avoir régression. Le plus puissant facteur dans ce sens est la philosophie anti-spiritualiste à laquelle s'attache avec tant d'acharnement la doctrine socialiste.

En exposant, d'après Marx, que le salut viendra non pas « du sentiment croissant du droit et de la justice, mais des « conditions mêmes de la production capitaliste moderne », Benoît Malon (1), a du moins émis la crainte de voir se produire une autre solution : « la chute en servage ploutocra- « tique ». On peut se demander si les tentatives collectivistes, conduites comme elles annoncent devoir l'être, ne contribueront pas à procurer ce résultat ?

Les docteurs socialistes montrent volontiers de l'indulgence pour la spéculation et la juiverie contemporaines. Ils applaudissent même au triomphe de la bourgeoisie capitaliste, comme à une phase plus avancée du développement social : « *Triomphe bienfaisant*, en somme, dit M. Rouanet (2), « acheté au prix de bien de misères et de douleurs, mais « qui prépare l'avènement de l'ordre socialiste, dont l'ordre « capitaliste est la préface indispensable. »

---

(1) *Le Socialisme intégral*. Ch. IV, § III.

(2) *La Philosophie socialiste. Revue socialiste*, janvier 1896.

Pour nous, les modernes spéculations d'accaparement, la destruction des classes moyennes, les abus du régime capitaliste dénotent le triomphe malfaisant d'une tendance essentiellement contraire à la civilisation, ce sont les menaces d'un retour à la barbarie païenne et à l'esclavage au milieu du progrès moderne. Les socialistes prétendent y voir les phénomènes nécessaires de la marche vers le progrès humain : « La classe moyenne, ont écrit Engels et « Marx (1), le petit industriel, le petit commerçant, l'arti- « san, le cultivateur, tous combattent la bourgeoisie pour « sauver leur existence..... Ils sont réactionnaires, car ils « cherchent à faire tourner en arrière la roue de l'histoire. » La ruine des petits propriétaires et l'accaparement des richesses, tant par le mécontentement qu'ils causent que par le fait de la monopolisation du capital, sont envisagés comme un acheminement vers la solution collectiviste du problème social.

Ce matérialisme évolutionniste peut être une espérance sociale pour ceux qui ont perdu la foi aux choses supérieures; ni d'après les leçons de l'histoire qui montrent le rôle prépondérant des idées morales, ni d'après la constitution des sociétés humaines qui exige un principe dominant l'égoïsme, il ne contient ce qui peut donner la vie à une civilisation plus haute.

§. IV.

OBSERVATIONS A RETENIR POUR LA SUITE DU SUJET

A. — La valeur et la loi d'équivalence dans les échanges.

Un premier point de l'œuvre critique de Karl Marx mérite de retenir l'attention.

---

(1) *Le Capital.* Chap. XXXII, note.

Marx n'a pas seulement appuyé sa théorie de la valeur sur un chapitre de l'économie politique classique, il l'a rattachée à la tradition philosophique depuis Aristote touchant la juste valeur et le « rapport d'égalité » ou loi d'équivalence de l'échange. Il a relevé la doctrine ancienne suivant laquelle, à travers le dédale des commutations et la diversité des rapports d'échange, il y a, il doit y avoir, une loi d'égalité à respecter. Il a montré que la conception de la valeur d'échange supposait dans les marchandises « *quelque* « *chose de commun* », *un* « *je ne sais quoi* » susceptible d'égalité.

Il s'est encore rencontré avec la tradition de la philosophie scolastique en demandant à une appréciation supérieure aux jugements individuels, à une appréciation sociale, de fournir la notion commensurable de la valeur, en voyant dans la forme de la valeur d'échange une forme sociale. S'il a dépassé la tradition en éliminant de cette appréciation sociale tout autre élément que le travail, il pouvait cependant s'inspirer aussi d'elle en donnant une grande place à la considération du travail humain dans la formation rationnelle de la valeur d'échange.

On peut tirer de là un argument engageant à ne pas négliger, à approfondir au contraire, la doctrine ancienne de la juste valeur dans le jugement de la question du capital moderne. Mais le point de vue de Marx et celui de la tradition philosophique sont profondément différents.

Pour la philosophie chrétienne, la théorie rationnelle de la valeur, c'est la recherche *de ce qui doit être*, la détermination des règles de justice dont le moraliste accuse l'inobservation trop commune dans les échanges courants; la règle de la valeur est le droit.

Pour le socialisme scientifique, la théorie rationnelle de la valeur, c'est la constatation *de ce qui est*, la découverte d'une loi naturelle cachée sous les apparences; la règle de la valeur est un fait.

On a fait trop d'honneur à la théorie socialiste de la valeur en disant qu'elle est « l'expression de ce qui devrait être » (1), une sorte d'idéal dont il faut chercher à se rapprocher. Non, Marx enseigne que la proportionnalité de la valeur au travail est un fait, et que, de ce fait, sous le régime social actuel de la propriété capitaliste, résulte une infériorité pour les travailleurs prolétaires réduits à vendre, non leur travail, mais leur force de travail, celle-ci au prix de leur subsistance. La philosophie chrétienne, dans sa théorie de la valeur, trouve les règles d'un juste salaire. Le socialisme scientifique, dans sa théorie de la valeur, trouve la démonstration du salaire spoliateur.

B. — Plus-value du Capital et marche de la production moderne.

On ne peut qu'approuver le socialisme scientifique d'aller rechercher dans l'acte de la production la naissance de la plus-value du Capital. Il est certain que la seule circulation des marchandises et de l'argent, le simple fait de l'échange, ne crée pas de valeur nouvelle, donc pas de plus-value. Le phénomène du grossissement de l'argent, la fructification du capital, se passe, comme dit Karl Marx, dans cette circulation d'un genre spécial A — M -- A', où la valeur la plus petite A est séparée de la valeur la plus grande A' par une transformation de la marchandise M, *par une opération de production.*

La marche de la production moderne a bien cet aspect d'une transformation avec plus-value que lui donne l'analyse de Marx. En règle générale, la valeur du produit comprend la valeur des matières premières, celle de l'usure des machines, celle d'une certaine quantité de subsistances nécessaire à la consommation des travailleurs, et quelque chose en sus que le capital prétend s'arroger, à tort ou à raison.

---

(1) Ch. Gide. *Principes d'économie politique.* Livre I. Ch. II. § III.

Ce quelque chose en sus, cette plus-value, Marx lui donne nécessairement la forme d'un travail non payé. C'est là une suite de sa théorie de la valeur qui ne peut admettre d'augmentation de valeur, en dehors d'une augmentation de nombre des heures de travail. Cette théorie comporte l'explication exclusive de la plus-value que l'on sait : il y a un travailleur qui consomme le produit de six heures pour travailler pendant douze. Toute la plus-value est mise en dépendance du seul travail accompli à la suite du marché intervenu entre capitaliste et travailleur.

Nous avons repoussé cette théorie qui détache complètement la valeur d'échange de la substance de la richesse et des réalités de la production. Tout le secret de la plus-value ne réside pas dans un agrandissement, pendant l'accomplissement du travail, de cette partie du capital qui représente à la fois la force et la consommation ouvrière, et que Marx appelle *capital variable*. La plus-value véritable n'est pas un agrandissement de telle ou telle partie du capital, elle est un accroissement rattachable à l'ensemble des causes de la production. La plus-value qui suit, ou peut suivre, le concours du capital et du travail n'est pas en dépendance du seul travail accompli avec les moyens de production, mais aussi du travail antérieur et des forces naturelles contenues dans les moyens de production.

Est-ce à dire que l'existence et l'attribution de la plus-value dénoncées par Marx dans la marche de la production moderne répondent aux caractères de la plus-value véritable ?

Il paraît bien au contraire que la critique socialiste signale quelque chose d'irrationnel dans la façon dont se présente la plus-value du capital moderne.

Admettons en effet que, dans l'hypothèse du concours entre le travail et le capital, la production soit normalement suivie de plus-value. Nous voyons alors le travail, appliqué durant l'œuvre de production envisagée, consommer une certaine quantité de valeur et déterminer une reproduction de valeur comprenant une plus-value. Mais assurément ce travail est, pour sa part, et part fort grande, cause de la production, donc cause de la plus-value qui devrait, en justice, lui revenir dans une mesure correspondante, sous forme soit d'une majoration de salaire, soit d'une part de profit. Avec la permanente répétition du phénomène de la plus-value que nous apercevons dans la production moderne, le sort de la classe des travailleurs devrait s'élever rapidement et continuellement. Tandis qu'on nous montre, comme le faisait déjà Sismondi dans ses *Nouveaux principes d'Economie politique*, la classe ouvrière produisant « par son travail journalier beaucoup plus que sa dépense journalière », sans que le calcul du capitaliste lui laisse obtenir « au delà du strict néces-« saire ». On nous montre la base même de détermination de la plus-value constamment fixée au simple entretien de la force de travail, servant à attribuer au capital une plus-value sans cesse renaissante, donnant appui à ce phénomène de la fructification de l'argent qui caractérise le capital moderne.

C. — *Exploitation de la force de travail.*

Ce qui est à retenir principalement dans l'œuvre de Marx, c'est son analyse des particularités du marché de la force de travail.

Sur le marché ouvert par la liberté moderne, la valeur de la force des travailleurs ne se fixe pas en considération et en proportion de la valeur produite par le travail, mais en considération et en proportion inverse des besoins de ceux qui font l'offre de leur force. Tel est du moins le résultat des principes de l'économie libérale touchant la libre compétition des intérêts et la détermination des valeurs par le jeu de l'offre et de la demande. C'est là l'origine des contradictions (1) con-

(1) Voir l'article déjà cité : *Critique du Capitalisme*, par M. Barthélemy P. Borelli, dans la Revue « Le XXe siècle », Août 1890.

tenues dans la science classique au sujet de la proportionnalité entre la valeur et le travail.

Des tendances réellement anti-harmoniques sont dévoilées, nous l'avons dit, par la méthode critique de Marx, dans le développement du capital sous le régime actuel. C'est un fait que le progrès, pour la classe des travailleurs, marche en retard et en faisant une violence, sans cesse dénoncée par les tenants du régime, à la loi de l'offre et de la demande.

Les effets du machinisme sur le marché moderne de la force de travail sont si peu contestables que nous voyons l'auteur lui-même de l'*Essai sur la répartition des richesses* traiter ce sujet en un chapitre hésitant (1), reconnaître que les critiques « ne sont pas sans quelque fondement dans « la période chaotique et anarchique d'installation de la « grande industrie, période qui n'est pas encore complète- « ment terminée. » Si l'on avoue que l'accroissement des forces productives de l'humanité n'a pas profité « dans une « proportion correspondante » à la classe ouvrière, à qui donc profite le plus cet énorme accroissement qui est un fait ? Et comment soutenir la thèse d'une moindre inégalité des conditions, tendance naturelle du nouveau régime économique ?

Il convient de retenir aussi que Marx n'incrimine pas le mode de détermination de la valeur de la force de travail; il y voit, de même que les économistes, l'effet d'une loi naturelle, mais il s'en fait une arme pour détruire l'institution de la propriété. Bien différents sont pour nous les motifs d'attacher de l'importance à l'étude des conditions spéciales du marché de la force de travail : c'est pour arriver à soumettre à la justice le contrat entre capitaliste et travailleur, pour connaître ce qui doit être corrigé afin d'obtenir une juste estimation de la force du travailleur, une valeur en

---

(1) Paul Leroy-Beaulieu. *Essai sur la répartition des richesses et sur la tendance à une moindre inégalité des conditions*. Ch. XV.

rapport avec la nature et la fin de l'activité humaine.

D. — Du maintien du droit de propriété.

Il ne suffit pas de démontrer l'inanité du remède préconisé par le socialisme.

Si l'institution de la propriété individuelle doit être maintenue, aussi bien parce qu'elle est essentielle à la bonne organisation de la société humaine, que parce qu'elle est une conséquence rigoureuse du droit du travailleur; en même temps s'impose, il ne faut pas le nier, le besoin d'une réforme qui ramène le droit de propriété à sa véritable légitimité et à sa véritable nature.

La force des arguments socialistes vient de la conception égoïste de la propriété, qui a été accréditée par la science économique moderne. La propriété, suivant sa vraie conception, n'est en aucune façon « le droit de réduire les « autres hommes à n'être que des instruments », le droit de mettre les travailleurs « au service des moyens de pro- « duction ».

Un retour se fait vers les doctrines anciennes : il est de nombreux défenseurs de la propriété qui, néanmoins, entendent ne pas laisser sans limites et sans règle la concurrence ; il en est qui veulent réprimer l'exploitation de l'homme et constituer la propriété à l'abri de ce mal. C'est ainsi qu'on peut sauver et relever l'institution. Les abus dénoncés par les socialistes résultent d'une corruption de l'idée de propriété ; pour les écarter, il faut non abolir la propriété individuelle, mais la ramener à sa nature vraie. C'est ce besoin d'une réforme qui permet, comme on l'a vu, aux socialistes de jouer d'une équivoque et de se poser tout à coup devant la galerie en restaurateurs de la propriété.

E. — L'évolution et la loi morale.

Nous sommes fort loin de contester l'action des facteurs

d'ordre économique dans l'évolution des formes sociales, mais nous prétendons que le progrès dans l'évolution dépend des facteurs d'ordre moral. L'intelligence et l'observation de la loi morale doivent grandir en proportion du développement économique.

Le tableau de l'évolution contemporaine que trace le socialisme scientifique n'est que trop conforme à la vérité. L'ancien organisme social a été décomposé de fond en comble et l'avénement du nouveau mode de production a créé un état d'antagonisme social. Le mouvement de concentration et de monopolisation du capital ne saurait être révoqué en doute : l'accroissement du prolétariat, la destruction des classes moyennes, le succès des spéculations d'accaparement sont l'objet des plaintes universelles. L'état d'antagonisme tend à se résoudre en un état plus stable par l'emploi de la violence ou de la contrainte légale contre l'une des classes antagonistes.

A nos yeux, la solution heureuse de la crise est dans une réforme sociale appuyée sur le relèvement de la loi morale et comportant le développement d'organismes sociaux qui ne demandent qu'à naître ou qui même sont déjà nés.

Les socialistes, eux, pronostiquent une transformation sociale débutant par l'expropriation de la classe capitaliste et devant conduire à « l'universalisation du savoir et des « avantages sociaux ». Comme cette transformation doit s'accomplir sous l'empire d'une philosophie matérialiste qui supprime le fondement de la loi morale, sous l'impulsion de l'appétit des jouissances et sans l'action d'aucun mobile plus fort que l'égoïsme humain, il est à prévoir qu'elle manquera absolument aux promesses de progrès. L'état de stabilité auquel elle peut conduire sera, sous une forme plus ou moins déguisée, la domination d'une minorité oppressive.

Pour finir, insistons de nouveau sur la différence profonde entre le point de vue des socialistes et le nôtre. Pour nous, l'essentiel est l'application de la loi morale ; nous recherchons *ce qui doit être*, comment réaliser la justice dans les rapports créés par les faits économiques actuels. Pour les socialistes, l'essentiel est la marche de l'évolution qu'ils croient reconnaître, ils annoncent *ce qui va être* et ils s'y préparent.

CHAPITRE V

EXAMEN DES PRINCIPES ESSENTIELS DE LA PHILOSOPHIE CHRÉTIENNE TRADITIONNELLE SUR LE CAPITAL

Après l'examen critique des principes de l'école libérale, puis de l'école socialiste, sur le capital, l'ordre de notre étude demande que nous essayons de dégager les principes essentiels de la tradition philosophique chrétienne sur le même sujet. Le terrain sera alors préparé pour aborder les solutions du problème posé au début, c'est-à-dire : dans quelle mesure et de quelle façon les nouveautés économiques contemporaines peuvent-elles être mises d'accord avec la doctrine de justice sociale que la philosophie chrétienne a élaborée de siècle en siècle, en s'aidant des leçons de la sagesse antique et en s'éclairant de la révélation divine.

§ I

DE L'EXISTENCE DE LA NOTION DU CAPITAL DANS LA TRADITION ÉCONOMIQUE CHRÉTIENNE

Division du sujet

Ce qui constitue le capital moderne, c'est la sorte de productivité, la faculté de s'agrandir, dont nous revêtons la notion de l'argent considéré comme équivalent universel de la propriété des richesses. Le phénomène caractéristique du capital consiste en ce que le propriétaire d'une certaine quantité de richesse, dont l'expression en argent est une somme A, retire des conventions diverses, par lesquelles il remet cette richesse à l'usage ou à l'activité d'autrui, outre la quantité primitive A, un certain accroissement Δ A.

Voici les raisons qui peuvent faire croire que, dans une certaine mesure, la notion du capital a été implicitement admise par la tradition économique chrétienne.

De nombreuses conventions que cette tradition a tenues pour parfaitement légitimes donnent lieu au phénomène de fructification, de grossissement appréciable en argent, caractéristique du capital.

Sans parler de la revente commerciale où l'existence d'un bénéfice fut admise, nous verrons sous quelles conditions ; quatre sortes de contrats nous présentent le grossissement du capital, tel qu'il fut permis jadis ; ce sont : le louage, la constitution de rente, le salariat et le contrat de société. On voit, dans ces contrats, une richesse primitive d'une somme donnée s'accroître, entre les mains d'autrui, de revenus périodiques ou de profits pour le propriétaire de cette somme de richesse.

On est d'ailleurs parfaitement autorisé par la doctrine traditionnelle à exprimer en argent, et à faire ainsi ressortir sous la forme de capital, la richesse primitive : terres, constructions, instruments, fonds d'exploitation industrielle, qui porte revenus ou bénéfices, au moyen des contrats ci-dessus. En effet les docteurs de la philosophie chrétienne ont très explicitement reconnu que toute richesse quelconque peut être considérée comme de l'argent. Saint Thomas, dans le texte déjà cité, dit avec Aristote : « *Omne illud pro pecunia* « *habetur cujus pretium potest pecunia mensurari* » (1). Le même docteur revient, à plusieurs reprises (2), sur cette idée ; il donne à l'appui cette citation de Saint Augustin (3) :

(1) S. th. 2 a 2 æ. Qu. LXXVIII, art. II, c.
(2) Ibid. Qu. CXVII, art. II, c et ad 2. — Qu. CXVIII, art. II, 2 et ad. 2.
(3) *Lib. de disciplinâ Christi, I De diversis*, cap. 6.

« *Totum quidquid homines in terra habent, et omnia quorum* « *sunt domini, pecunia vocatur* » (1).

L'existence d'un profit, *lucrum*, qu'on peut à juste titre tirer de l'emploi de l'argent fut ouvertement professée sous l'ancienne doctrine. Sans doute cet emploi lucratif de l'argent ne pouvait consister dans le contrat de prêt, ou *mutuum*, parce que le prêteur avait perdu le droit de propriété; mais dès lors que ce droit subsistait, que le *dominium* était conservé par celui qui employait les deniers, la perception d'un profit devenait susceptible de légitimité. Il est possible, en justice, de tirer profit de l'argent, *de pecunià lucrari*, Saint Thomas le reconnait formellement (2). La condition normale de ce profit est l'application d'un travail productif, mais il n'est pas nécessaire que ce travail soit exercé directement par le propriétaire ; il suffit qu'il soit exercé sur la chose dont il a le *dominium* par intermédiaires, en son nom ou tout au moins à ses risques et périls, soit par des serviteurs, soit par des ouvriers loués *ex conducto*, soit par des marchands ou artisans associés en commandite. « Le point « de vue qui domine l'appréciation des modes d'emploi du « *capital*, nous dit M. Brants (3), résumant les théories « économiques du moyen-âge, est celui-ci : Y a-t-il un « travail fait par le propriétaire du fonds, une opéra-

(1) W. Hohoff (*Qu'est-ce que le capital?* — traduit dans la Revue *Le XX*e *Siècle*, n° d'avril 1896) reproduit le passage suivant de Scaccia : « *Pecunia* « *est mensura, regula et pretium omnium rerum venalium, continet in virtute* « *et includit omnem rem et proinde Ecclesiastes ait : Pecuniæ obediunt om-* « *nia* ». Hohoff cite ce texte à l'appui de cette idée que la *valeur* de toute richesse quelconque n'est pas plus productive que l'argent ; mais les citations de ce genre peuvent être retournées pour faire voir que la doctrine ancienne admettait pratiquement le fait du capital, ou de *la valeur progressive*, au moins grâce à certains contrats.

(2) S. th. 2 a 2 æ. Qu. LXXVII, art. II, ad 1 et ad 5, et art. III, c. — Qu. LXII, art. IV, 2 et c.

(3) Les théories économiques aux XIIIe et XIVe siècles. Ch. VII, § I, I.

« tion productive faite *par lui ou en son nom*, qui justifie « sa perception d'un bénéfice ? » Sur ce sujet du profit retiré légitimement par le propriétaire du capital au moyen du travail d'autrui, le même auteur cite le texte suivant du traité *De usuris* (1) attribué à Saint Thomas : « *De his quæ committuntur bonæ fidei aliorum ad lucrum* « *quæstio est..... (si) ita fit commissio quod non transeat do-* « *minium..... potest sperari lucrum sine vitio usuræ, quia* « *tunc commissa est pecunia vel res alio sicut servo et ministro* « *qui de re domini negotiantur ad utilitatem domini sui ; et* « *ideo committens potest sperare lucrum, sicut ex re suà, et sic* « *non accedit sorti nec possidetur sine justo titulo, quia sicut* « *rei propriæ partum recipit, non tamen partum numismatis* « *ex numismate immédiate, sed partum ipsarum rerum quæ* « *per numismata sua sunt acquisitæ justa commutatione* ».

Cette hypothèse admise par la doctrine traditionnelle d'un profit tiré de l'emploi de l'argent, soit par le propre travail du propriétaire de la somme, soit par le travail d'autrui, est en opposition complète avec la théorie moderne de la valeur selon le socialisme scientifique. L'hypothèse consacre en effet l'existence réelle et légitime d'une plus-value du capital ; celui-ci n'a pas dès lors le rôle inerte que prétendent les socialistes dans la formation de la valeur. Le fait d'un profit, d'une plus-value, retiré par le travail de l'emploi de l'argent est en désaccord avec la théorie socialiste ; d'après cette dernière, en effet, l'intervention d'une somme d'argent, d'une quantité plus ou moins grande de capital, ne peut en aucune façon augmenter la valeur que produit le travail, cette valeur étant fixée par le temps de travail, par la durée seule du travail, quel que soit le capital mis en œuvre ; en d'autres termes, le travail, d'après cette théorie, ne produirait pas plus de valeur avec un capital plus grand que sans

(1) S. *Thomæ Opera*, édition de Parme 1864, t. XVII, p. 420. V. Brants, ibid.

ce capital. La perception du capital, suivant le socialisme moderne, est une quantité négative, une part de valeur soustraite au travail ; tandis que cette perception, telle que l'admet la doctrine traditionnelle, est une quantité positive, un surplus de valeur (ou part de ce surplus) créé par le travail, grâce au capital. On voit que la doctrine traditionnelle reconnaît l'action du capital, non seulement en consacrant, dans certains cas, le profit obtenu à l'aide du travail d'autrui, mais même en admettant simplement l'idée du profit retiré du capital par le propre travail de son propriétaire.

Ce *lucrum* qu'il est possible et permis d'obtenir par l'emploi de l'argent est précisément le fait qui vint fournir une base à une tentative d'élargissement de la doctrine traditionnelle au moyen du titre d'*interesse* appelé *lucrum cessans*. De hautes autorités théologiques ont souscrit, avec plus ou moins de réserves, à la licéité de ce titre d'intérêt (1). La tendance qui a prévalu, de nos jours, dans l'interprétation de la doctrine traditionnelle a fait sortir de ce titre une théorie pratique qui paraît ne plus guère différer des idées modernes sur la productivité du capital. Le profit retiré légitimement de l'emploi de l'argent était, dit-on, une chose assez rare et difficile au temps jadis : en dehors d'un placement très limité en biens susceptibles de donner rentes ou cens ou fermages ou loyers, le profit industriel, *lucrum industriale* (2), était lui-même fort restreint, tandis que, de nos jours, ce profit industriel est devenu un fait habituel et la source à peu près illimitée d'emplois lucratifs de l'argent ; donc le prêt d'argent est, à notre époque, presque toujours (3) accompagné du titre d'intérêt compensatoire, *lucrum cessans*.

(1) Cajetan et Lugo. V. Brants. Ibid. Ch. VII, § I, II.

(2) V. Brants. Ibid. § III, 2, note 2, sur Jansen.

(3) V. Brants. Ibid. § I, II. — Weiss dans son *Apologie du christianisme* s'exprime ainsi : « La vie de relation s'est perfectionnée de telle sorte « qu'il est *presque toujours* possible à chacun *de placer son argent quelque*

Laissant même de côté cette interprétation extensive de la doctrine ancienne à l'usage du temps présent, il reste, semble-t-il, établi que la tradition économique chrétienne a consacré, dans beaucoup de cas, l'accroissement par des revenus où des profits d'un certain fonds de richesse appréciable en argent, et ainsi, le phénomène du grossissement de la valeur, qui est caractéristique du capital ; il reste également établi que cette tradition a accordé éventuellement une puissance lucrative au bon emploi de l'argent et qu'elle a placé une sorte de vertu prolifique, créatrice de plus-value, dans ce que nous appellerions le capital uni au travail. Se mettant à ce point de vue, Saint Antonin de Florence et Saint Bernardin de Sienne (1), dès le commencement du XVe siècle, ont donné à l'argent le nom de capital : « *Pecunia..... non* « *solum habet rationem simplicis pecuniæ vel rei, sed etiam* « *ultrà hoc quandam seminalem rationem lucrosi, quam com-* « *muniter* CAPITALE *vocamus* ».

Est-ce donc à dire que la tradition chrétienne a mis peu à peu en oubli sa sévérité des premiers temps et qu'elle a laissé s'affaiblir l'écho des graves paroles de Saint Jean Chrysostome s'écriant : « Retranchons ces enfantements mons- « trueux de l'or et de l'argent, étouffons cette exécrable fé- « condité » (2) ? Non, la tradition d'anathèmes et de défiance à l'égard de l'argent, *mammona iniquitatis*, est ininterrompue ; elle a été maintenue à toutes les époques, fût-ce au défi des opinions régnantes. Quand on étudie ce sujet, on a l'impression d'une lutte continuelle entre le christianisme et l'argent, celui-ci, génie malfaisant et avisé, qui, par mille détours, se redresse toujours contre les condamnations toujours renouvelées.

« *part comme capital*, avec espoir de gain ». (Livre VIII. La question sociale et l'ordre social ou institutions de sociologie. T. II, 22e conf. § 27. — Traduction de M. l'abbé Collin.)

(1) V. Brants. Ibid. § I, I, qui cite les textes d'après Funk.

(2) Hom. 62 in Matth. — V. Troplong. Traité du Prêt, Préface, p. xcv.

Cette lutte séculaire est tout autre chose qu'une querelle de surface. Les condamnations de l'Eglise et de ses docteurs contre l'usure, contre l'intérêt de l'argent, s'appuient sur des raisons profondes de justice, sur des principes immuablement maintenus pour régler les profits qu'il est permis de tirer des richesses. Si l'on peut trouver dans la tradition les lignes indécises de théories présentant, par certains côtés, des analogies avec celle du capital moderne, aucune indécision n'existe sur les principes à sauvegarder et à respecter en un tel sujet. Si l'on s'en écarte, on est infidèle à la tradition chrétienne. Si l'on s'attache à les appliquer à notre époque, il faut introduire dans la théorie actuelle du capital des changements essentiels.

Nous essaierons d'exposer ces principes sous les quatre titres ci-après :

1° *De la conservation du domaine de propriété* (dominium) *envisagée comme condition de la perception des profits et revenus.*

2° *Des sources de la production et des causes légitimes des profits et revenus.*

3° *De la loi générale des contrats. De la juste valeur et de l'équivalence contractuelle.*

4° *Résumé et conditions essentielles à la justice du contrat de crédit.*

§ II

De la conservation du domaine de propriété (*dominium*) envisagée comme condition de la perception des profits et revenus.

Il est d'abord un principe de la doctrine traditionnelle auquel les anciens docteurs se réfèrent toujours, comme origine des solutions, soit pour permettre, soit pour condamner les profits ; ce principe a trait à la conservation du droit de propriété, *dominium*. Le *dominium* est-il conservé par celui qui remet son bien à l'usage ou à l'activité d'autrui ? Il peut y avoir pour lui droit à bénéfices ou revenus. Y a-t-il au contraire translation complète du *dominium*, et par là des avantages comme des charges et risques de la propriété ? Il ne peut y avoir aucun profit pour celui qui a perdu son droit sur les biens cédés à autrui. Le juste titre au profit ne peut exister que pour celui qui a le droit de propriété ou un démembrement de ce droit. La production industrielle, pour rapporter profit au capitaliste d'autrefois, « doit, selon les conclusions historiques de M. Brants, s'ap- « pliquer à une chose qui lui appartient, qui est sous sa « responsabilité, sous ses risques, à *sa* chose enfin qu'il fait « produire ou qui produit pour lui » (1).

Si l'on décide que le prêt, *mutuum*, ne doit pas, de sa nature, porter intérêts, la première explication qu'on en donne, c'est que la propriété de la chose prêtée est transférée à l'emprunteur, « *transfertur dominium* » (2). Si les contrats cités tout à l'heure, louage, salariat, société sont jugés susceptibles de procurer des revenus ou bénéfices, c'est que le maître du capital conserve le *dominium* des biens remis à autrui, qui lui appartiennent déjà ou qui sont achetés avec son argent, « *non transfert dominium* », dit St-Thomas (3), « *si ita fit commissio quod non transeat dominium... potest spe-* « *rari lucrum sine vitio usuræ* » (4).

Le contrat de constitution de rentes, suivant la pureté du droit canonique, ne fait pas exception au principe de la con-

(1) Ibid. Ch. VII, § I, I. M. Brants renvoie à la série de textes des théologiens réunis par le Dr Funk, professeur à l'Université de Tubingue, dans l'ouvrage : *Zins und Wucher*.

(2) St Thomas. S. th. 2 a 2 æ, Qu. LXXVIII. Art. I, c.

(3) S. th. Ibid. Art. II. ad. 5.

(4) Texte cité ci-dessus.

servation du *dominium*. Loin de là, les solutions données successivement par les Papes sont empruntées à ce principe ainsi qu'à celui qui sera développé au prochain paragraphe sur les sources de la production. Les décisions favorables à la légitimité des rentes des Papes Martin V et Calixte III (1), supposent que les constitutions de rente sont accompagnées d'« assignat spécial sur des terres, maisons et autres héritages productifs » (2). Le Pape Saint Pie V (3) consacre formellement cette condition; il exige, pour la validité des rentes, qu'elles soient constituées sur un fonds, indiqué avec ses confins déterminés, productif par lui-même au moins d'un revenu égal à la rente, et de telle sorte que si le fonds vient à périr, la rente doit également périr. La rente légitime nous est donc représentée comme un droit réel, démembrement du *dominium* d'un fonds productif.

Maintenant, ce qu'il importe de bien comprendre, c'est que cette condition de la conservation du *dominium* n'est pas une subtilité juridique, mais qu'elle a une profonde portée sociale.

Non seulement on doit remarquer, comme nous l'avons fait au chapitre II, que l'ancienne doctrine avait tiré de la nature en quelque sorte matérielle du droit de propriété des limitations conformes à sa nature morale, et l'on peut dire, avec Domat, que les communications gratuites rendues obligatoires dans certains contrats ne sont pas contraires, mais plutôt conformes à l'institution de la propriété. Mais encore, et surtout, il est à noter que l'ancienne doctrine, par sa condition de la conservation du *dominium*, imposait,

---

(1) Décisions reproduites au *Corpus juris canonici. Extravagantes communes*. Lib. III, Tit. V. Cap. I et II.

(2) Troplong. Traité du prêt, n° 419.

(3) Bulle *Cum onus apostolicæ servitutis*, 1569. Cette bulle ne fut pas reçue en France, ce qui ne lui enlève pas son autorité, comme monument de la vraie doctrine de l'Eglise. (V. Denisart et Merlin, au mot : *rentes constituées*.)

dans toute perception de revenus ou bénéfices, le respect des principes supérieurs professés par la philosophie chrétienne sur la notion de la propriété. Aucun profit n'est possible, si le capitaliste ne reste pas soumis aux risques, aux charges, aux devoirs que comporte la propriété. Parmi ces obligations et charges inhérentes à la propriété, au *dominium*, se trouvent en particulier celles relatives à la juste rémunération du travail, cause de la production.

Des observations qui précèdent, il résulte en premier lieu que les anciens docteurs ont eu raison d'ériger en règle la *gratuité du prêt*, en tant que la définition de celui-ci comprend l'aliénation de la propriété. Outre sa portée sociale, cette règle a une telle rigueur juridique que ceux des théologiens modernes qui se sont faits défenseurs de l'intérêt de l'argent ont dû en arriver à soutenir que, dans le prêt d'argent, « à proprement parler, le domaine ne se transfère pas » (1), que la monnaie a une sorte de survivance provenant de sa fonction représentative des richesses, qu'elle ne se consume pas par l'usage, mais qu'elle a « un usage interminable ou permanent dans les échanges » (2).

Il résulte en second lieu que, pour rendre admissible la théorie du capital qui, sous la notion de l'argent équivalent universel des richesses, entend une sorte de représentation synthétique des avantages et des puissances productives de la propriété, il faut supposer, comme nous l'avons déjà remarqué, la constitution légale d'un droit de domaine *sui generis*, retenu par le capitaliste, droit qui serait la caractéristique juridique de la notion nouvelle du capital. Cette création juridique doit être tout autre chose qu'une pure fiction ou qu'une formalité vide de conséquences pratiques. Elle ne répondra au but voulu par la justice que si la conservation d'un droit de domaine par le capitaliste, a pour effet

(1) Mastrofini. *Discussion sur l'usure.* N° 202.
(2) Ibid. N° 288 — et 202, 203, 206.

de lui conserver aussi les devoirs et les risques corrélatifs à la propriété, selon la conception de la philosophie chrétienne. La *généralisation* contenue dans l'idée du *capital*, disions-nous, doit aussi bien porter sur les charges que sur les avantages de la propriété. On voit de suite combien profondément différente serait l'idée du capital ainsi entendue de celle qui a été empruntée à l'argent considéré dans le contrat de prêt à intérêt, où il y a précisément décharge des risques et des obligations de la propriété. L'argent, une fois introduite cette rectification de sa fonction représentative, ne pourrait plus être ce producteur suprême que l'on suppose fructifier nécessairement et toujours. L'idée du capital devrait subordonner l'existence des profits au respect de la réalité et de la justice dans la production, elle deviendrait exclusive de toute spoliation des débiteurs ou des travailleurs, ainsi qu'il en était, sous l'ancienne doctrine, dans les contrats de louage, de salariat et de société conclus justement.

On entend assez fréquemment dire, et c'est exact d'ailleurs, que la doctrine traditionnelle de l'Eglise condamne le profit de l'argent, s'il est obtenu *sans travail et sans risque*. Cette condition du risque que l'on pose ainsi à la légitimité des profits appelle une interprétation : elle paraîtrait bien peu sérieuse, si on la comprenait de telle façon que la loterie deviendrait une base de la justice et qu'un risque quelconque donnerait droit à un gain quelconque. Elle est au contraire très philosophique, si elle signifie que les devoirs et les risques de la propriété doivent être maintenus, qu'il doit y avoir *conservation du* DOMINIUM *avec sa responsabilité*, et que, pour la réforme du régime actuel, il faut, suivant l'expression de l'abbé Lemire dans un récent discours (1), « obliger l'argent à avoir un visage... une responsabilité ».

(1) Discours prononcé à Lyon, juillet 1896.

§ III.

Des sources de la production et des causes légitimes des profits et revenus.

Un autre principe consacré par l'ancienne doctrine, c'est que tout profit ou revenu doit être, en justice, rattaché à l'une des deux sources de la production : la nature et le travail. L'usurier est celui qui « ne possède pas de choses « productives et ne travaille pas, et veut gagner néan- « moins ». Il prétend s'enrichir, expliquent les commentateurs des idées du Dante (1) sur l'usure, en dehors des « voies de la nature » qui sont la multiplication des fruits et des animaux et en dehors des « voies de l'art », qui sont celles du travail de l'homme.

Il est incontestable que la doctrine chrétienne traditionnelle a placé dans l'appropriation des forces et utilités naturelles le juste titre des rentes et revenus que perçoivent, sans travail personnel, les propriétaires des biens reconnus susceptibles d'*ususfructus*. Nous nous sommes précédemment expliqué sur ce point. Les décisions des Papes concernant la légitimité des rentes, qui viennent d'être rapportées, sont une preuve indiscutable à l'appui de la reconnaissance de ce titre de revenus portant sur un bien productif de sa nature : « *in re immobili, aut quæ pro immobili habeatur, de sui* « *nâtura fructifera* » (2). De même, le Ve Concile de Latran, en définissant l'usure, a eu soin d'indiquer que le gain usuraire provient « *ex usu rei quæ non germinat* ». Il paraît bien certain aussi, comme nous l'avons noté, que l'établissement de ces rentes et revenus, assis sur l'appropriation des forces naturelles, avait une liaison avec la constitution sociale d'autrefois, qu'on les comprenait connexes à l'organi-

---

(1) V. Brants, ouvrage cité. Ch. VII, § I, I, Note 2, p. 142.
(2) Bulle de St Pie V.

sation politique, religieuse, professionnelle et familiale de la société, qu'ils rentraient par conséquent dans les éléments variables de la propriété que le droit positif, *jus positivum* (1), règle selon les temps, les lieux et les mœurs des nations. Il y a là une matière où le droit de propriété, voulu dans son essence par la nature, demande à être délimité dans sa réalisation, par les institutions des peuples, par un *régime de la propriété*. Rien ne détermine en effet la part qui, dans la production, revient aux forces et utilités naturelles séparées du travail, ni dans quelle mesure il convient que ces forces soient objet de jouissance privée pour répondre au but de la propriété, aux raisons tirées des nécessités de la vie humaine et du bien social qui légitiment l'appropriation des biens naturels. Parmi les docteurs du moyen-âge (2), la crainte se manifesta que la constitution des rentes, en dehors de charges correspondantes d'utilité publique, ne vînt favoriser la vie oisive et faire oublier la grande loi du travail personnel. Le développement des revenus sans travail fut entouré de nombreuses restrictions; la rente de la terre et des autres biens productifs fut envisagée comme un droit à peu près fixe portant sur une quantité sensiblement constante, incapable de donner prise à un grossissement comparable à celui de la composition des intérêts. Enfin, s'il est vrai que les anciens docteurs ont reconnu deux sources de la production : la nature et le travail, on voit qu'ils les associent presque toujours ensemble, qu'ils ne les séparent pas dans l'acte de la production et que la fécondité économique des biens naturels est comprise par eux comme une faculté plutôt virtuelle rendue actuelle par le travail.

Le travail, selon la doctrine de la tradition chrétienne, est la source par excellence de la production des richesses.

---

(1) St Th. 2 æ 2 œ. Qu. LXVI, art. II, ad 1, et Qu. LVII, art. II, c.

(2) Henri de Langenstein et Henri de Hoyta, cités par M. Brants. Ibid. Ch. VII, § II.

« Dans l'économie du moyen âge, d'après l'exposé histori-« que de M. Brants (1), le travail, l'*industria*, est la source « de la richesse, le facteur indispensable de la production ». Le travail est considéré « comme le *titre lucratif essentiel* » (2). L'injustice de l'usure est constamment ramenée par les anciens docteurs à la violation des droits qui naissent pour le travailleur de la relation de cause à effet sur le produit de son travail. L'usurier s'enrichit de l'industrie d'autrui, « *ex* « *industria alterius* », il viole l'ordre naturel de la production en voulant vivre sans travail : « *est contra naturam ho-* « *minis ut sine labore velit vivere, ut fit in usuris* » (3).

Nous avons fait remarquer à plusieurs reprises quelle grande place l'Encyclique de Léon XIII, *Rerum novarum*, a donnée au travail dans la constitution légitime de la propriété et dans toute l'économie sociale. Le texte de l'Encyclique a bien une mention pour les forces de la nature, pour la « *fécondité* » de la terre et « la possession de biens per-« manents et *productifs* », « *fructuosarum possessio rerum* », mais il accentue encore le langage traditionnel concernant la productivité économique du travail ; nous y lisons ces paroles : « On peut affirmer, sans crainte de se tromper, « que le travail est la source unique d'où procède la richesse « des nations », « *ut illud verissimum sit, non aliunde quam* « *ex opificum labore gigni divitias civitatum* ».

Dans la même encyclique, il est question du travail, sous cette forme que les faits et les théories rendent si moder[illegible], où il est transformé par l'*épargne* en capital. Le développement des richesses à notre époque a donné une importance plus grande qu'autrefois au point de vue qui montre dans le capital du *travail accumulé* par l'épargne. Le travail passé, mais réalisé dans les biens épargnés, ne demeure-t-il pas,

(1) Ouvrage cité. Ch. VI, § I.
(2) Ibid. Ch. VII, § I, I.
(3) Gerson. *De contractib.* p. 1. c. 13. V. Brants. Ch. VI, § I.

sous cette forme éminemment utile, agent de la production des richesses ? N'est-il pas cause de l'augmentation et de l'amélioration de la production, de la plus grande valeur obtenue grâce à lui ? Et n'y a-t-il pas là un titre à des profits ? Encore que l'ancienne doctrine ne semble pas avoir examiné et résolu le cas d'une façon expresse, il n'est guère douteux qu'elle admet la causalité du travail, ainsi étendue. C'est à cette causalité, plus qu'à celle des forces naturelles, qu'elle doit implicitement rattacher l'idée acceptée par elle, ainsi que nous l'avons constaté, de profits, de plus-value, revenant aux propriétaires de capitaux ; c'est ce qui explique aussi pourquoi elle ne consacre pas la théorie socialiste de l'inertie du capital.

Il est possible que cette cause légitime de profit ramenée au travail se trouve dans le capital moderne. On connaît l'argument de l'école économique optimiste qui prétend faire descendre du travail tous les revenus et profits du capital moderne, parce que le capital est lui-même fils du travail. Mais les économistes jouent là d'une équivoque, et le profit du capital moderne est, de sa nature, essentiellement différent de celui qui vient du travail. Nous l'avons dit, les explications des économistes masquent un véritable tour de passe-passe qui consiste à s'appuyer, en apparence, sur le travail, pour créer une prétendue source nouvelle de la production, source complètement indépendante du travail originaire, indépendante de la causalité vraie de celui-ci et la dépassant beaucoup. On substitue, à une cause réelle de la production, une cause purement fictive qui a nom le capital, et qui n'est autre que la faculté de se servir de la possession de la richesse pour exploiter le besoin d'autrui, sans autre règle que le jeu de l'offre et de la demande.

Le capital n'a pas de productivité propre et n'est pas, par lui-même, source de la production et des profits. On ne doit pas l'ériger en puissance productive différant de la nature et du travail, ni, à plus forte raison prenant leur place et devenant le producteur général et suprême. Si l'on parle de revenu ou profit attribué au capital, ce langage ne peut être exact que par l'effet de la fonction représentative du capital à l'égard de l'ensemble des avantages de la propriété et dans la mesure où existent réellement les causes légitimes de profits.

Il demeure établi que la doctrine chrétienne traditionnelle a reconnu seulement deux causes légitimes de profits, tirées de l'analyse de la production, qui sont : les forces et utilités naturelles appropriées et le travail producteur. Tout revenu, tout profit, tout *lucrum* doit se rattacher en filiation à l'une de ces deux causes et ne pas dépasser les bases rationnelles qui ont été posées. Ce principe de l'ancienne doctrine, comme le précédent, devra être sauvegardé dans les généralisations auxquelles pourra donner lieu l'admission de l'idée du capital.

§ IV

De la loi générale des contrats. De la juste valeur et de l'équivalence contractuelle.

Nous poursuivons l'exposé des principes de la philosophie chrétienne traditionnelle applicables à notre sujet, par l'examen d'un troisième principe qui domine la matière entière de l'échange entre les hommes.

A. — Tous les contrats qui ont pour objet ces relations d'échange sont régis par une loi générale d'égalité. Il doit y avoir égalité « *æqualitas* », réciprocité « *contrapassum* », entre les contractants, entre leurs prestations mutuelles.

Cette égalité est voulue par la justice naturelle, suivant laquelle nul n'est fondé à recevoir plus qu'il ne donne. Comme le dit Saint Thomas à propos de l'achat et vente, les contrats commutatifs sont établis pour l'utilité commune des contractants, ils ne doivent donc pas charger l'un plus que l'autre : « *Quod autem pro communi utilitate inductum est, non debet esse magis in gravamen unius quam alterius* » (1).

L'ancienne doctrine rattache ses condamnations contre l'usure à la violation du principe de justice sur l'égalité contractuelle : « *inæqualitas constituitur* » (2). Ceci est tellement vrai que de multiples textes du Droit canon nous montrent, dans l'atteinte à l'égalité commutative, comme le caractère distinctif et la définition de l'usure : « *Qui plus quam dederit, accipit, usuras expetit..... — Quidquid supra datum exigitur, usura est..... — Quidquid sorti accedit, usura est..... — Usura est, ubi amplius requiritur, quam datur* » (3).

B. — Le principe de l'égalité contractuelle en implique évidemment un autre qui est le suivant : il y a une mesure de cette égalité contractuelle, il existe une valeur rationnelle, une *juste valeur*. C'est par ce développement que le principe acquiert sa portée pratique et qu'il soulève un grand problème social : comment reconnaître l'égalité voulue par la justice à travers la diversité des rapports d'échange, entre des contractants dont le mobile est toujours la recherche de quelque avantage personnel ? Quel procédé de généralisation donnera la commune mesure, le « *je ne sais quoi* » d'Aristote susceptible d'égalité ?

Il est certain qu'il y a une doctrine et des principes de la philosophie chrétienne traditionnelle sur cette question de la valeur, sur le mode de détermination et les bases de la juste valeur. Bien que le sujet n'ait pas été traité sous forme d'exposé d'ensemble et de système complet, il est facile de trouver les principaux points de repère et les élé-

---

(1) S. th. 2 a 2 æ. Qu. LXXVII, art. 1, c.

(2) Ibid. Qu. LXXVIII, art. 1, c.

(3) *Corpus Juris canonici. Decreti secunda pars, Causa* XIV, Qu. III, cap. I, II, III et IV.

ments constitutifs de la théorie consacrée par la tradition philosophique chrétienne.

La théorie traditionnelle a pris pour point de départ le fait matériel et courant, suivant lequel nous plaçons la valeur dans une certaine appréciation des qualités des choses, objets de l'échange, par rapport à nos besoins et à nos désirs. Ce qu'on trouve tout d'abord indiqué nettement et unanimement dans les monuments de la tradition économique chrétienne, c'est que, pour fixer la juste valeur, règle de l'égalité contractuelle, l'appréciation doit avoir le caractère d'un jugement social « *æstimatio communis* » et que ce jugement doit avoir lui-même pour critère et base fondamentale le bien commun « *bonum commune* ».

Rendons-nous compte par quelques développements de la signification de ces deux conditions de la juste valeur.

a) *Æstimatio communis.* Il faut commencer par remarquer que toute idée de la valeur, règle des échanges, suppose nécessairement une appréciation sociale. Les appréciations purement individuelles dans l'échange sont aussi diverses que les individus. Pour que l'appréciation humaine puisse, en pareille matière, donner une expression ayant forme de règle générale ou de loi économique, elle doit s'élever au-dessus des sentiments individuels et d'une façon ou d'une autre se faire socialement. Il n'y a pas que les socialistes à admettre la socialisation de l'idée de valeur, les économistes libéraux ne font pas autrement : la rencontre des offres et des demandes qu'ils nous montrent fixant la valeur force le jugement de chacun à se régler sur l'ensemble de la recherche et des désirs dans la société. — Ce qui distingue la doctrine traditionnelle, c'est qu'elle exige que le jugement de la valeur soit réellement social, qu'il mérite ce nom, qu'il soit l'œuvre véritable de la communauté, œuvre libre et éclairée. Pour cette raison, la doctrine traditionnelle réprouve les manœuvres d'accaparement et les monopoles privés ; elle demande qu'une organisation sociale empêche les intérêts des uns d'opprimer ceux des autres et garantisse la sagesse du jugement de la valeur. Comme le montraient récemment le Père de Pascal (1) et l'abbé Pothier (2), l'*æstimatio communis* dont parlent les anciens auteurs est essentiellement une estimation d'hommes sages « *æstimatio communis prudentum* », de représentants de la communauté animés de l'esprit d'équité « *æquitatis « cultores* ». Aussi était-ce une règle universellement admise autrefois que le Pouvoir public, le Prince, pouvait fixer la valeur des choses, en sa qualité d'organe autorisé de l'estimation de la communauté, de la « *communis et publica rei « æstimatio* » (3). Si la valeur fixée directement par l'autorité du Prince « *pretium legale* » demeurait, sous l'empire de la doctrine traditionnelle, chose relativement rare, l'ancienne organisation professionnelle et corporative assurait le caractère social du jugement de la valeur.

b) *Bonum commune.* De ce que le jugement de la valeur doit être social, la doctrine traditionnelle conclut qu'il doit avoir pour base fondamentale la fin sociale, c'est-à-dire, le bien de tous, le bien commun « *bonum commune* ». Ainsi s'achève la généralisation capable de répondre à l'idée, de règle et de mesure dans les échanges : le rapport des choses, objets d'échange, (considérées dans leurs qualités, quantités et modalités), avec le besoin général et le but social, possède un terme de comparaison unique, placé au-dessus des besoins et des désirs multiples qui font agir les individus : « *Indigentia istius vel illius hominis non*

---

(1) *Association Catholique*, septembre 1896. *Note sur l'idée traditionnelle de la valeur* (principalement d'après Dominique Soto).

(2) Rapport au Congrès de Liège de 1890. *Ce qu'il y a de légitime dans les revendications ouvrières*, § IV. L'auteur cite sur ce point Reiffenstuel et Bonacina.

(3) Ballerini, T. III, p. 671, cité par Claudio Jannet qui reconnait l'existence de cette thèse de la doctrine traditionnelle. Le capital, la spéculation et la finance. Ch. VI, § IV.

« *mensurat valorem*, disait Buridan (1), *sed indigentia com-* « *munitatis eorum qui inter se commutare possunt* ». La justice de la valeur, suivant la conception générale de la doctrine traditionnelle, sera puisée dans la finalité ; les mouvements de l'intérêt seront rendus conformes à la justice, étant « réglés par la loi de la fin ». La fin sociale, *bonum commune*, ordonnée elle-même à la fin suprême des hommes, est la raison la plus élevée de la justice du jugement de la valeur. Cette considération du *bonum commune* comme source supérieure des règles et des mesures d'égalité applicables à la justice des commutations paraît bien conforme aux principes de la philosophie traditionnelle sur la justice (2). Encore que moins remarqué, ce point si important de la théorie de la juste valeur est très expressément indiqué dans les anciens auteurs. Saint Bernardin de Sienne s'exprime ainsi : « *Cum enim in contractibus civili-* « *bus et humanis finalis ratio est commune bonum, idcirco* « *taxationis pretiorum æquitas fuit et est mensuranda per* « *respectum ad commune bonum et prout expedit communi* « *bono, quia nihil iniquius est quam pro particularibus et pri-* « *vatis commodis, communi et universali bono præjudicare* »(3). L'intervention de l'idée du bien commun et du besoin général dans la détermination de la juste valeur est admise, suivant Gury (4), par l'opinion unanime des théologiens. L'article déjà cité du Père de Pascal nous a fait noter, d'après Dominique Soto, que « dans la détermination du « prix, de la valeur, il faut tenir compte du *commune* « *bonum*, bien social ».

---

(1) Ethicorum, lib. V. Q. XVI. Voir Brants : Les théories économiques aux XIIIe et XIVe siècles, ch. V.

(2) Conf. St Thomas, S. th. 2 a 2 æ. Qu. LVIII, art. VII, ad 1.

(3) *Opera*. Vol. I, p. 682-1636.

(4) *Compendium théologiæ moralis*. T. I, n° 890, I et II. Principes suivis de la formule *ita omnes*.

Au surplus, de ce que la fin sociale sert de critérium au juste jugement de la valeur, il résulte que les principes de la doctrine traditionnelle sur le rôle de la propriété et du travail, sur l'organisation sociale, doivent entrer en ligne de compte, ce qui contribue à donner au principe de la juste valeur, dans la question de l'usure, l'aspect du principe général de la justice.

— L'organisation économique d'autrefois et les idées reçues sur le commerce sont à rapprocher de la doctrine de la juste valeur.

Le commerce était vu avec défaveur. Chercher un gain dans la vente des marchandises, dans la détermination des prix et dans leurs fluctuations, paraissait un art peu d'accord avec le bien public et entaché de déshonneur « *turpi-* « *tudo* ». Cependant le bénéfice commercial n'était pas jugé nécessairement injuste, mais il lui fallait, pour passer, être modéré et être recherché pour quelque but, autre que le seul lucre, qui fût digne de l'activité humaine, comme de gagner la vie de sa famille. Le commerce n'était vraiment réhabilité que s'il était exercé avec l'objectif de servir l'utilité publique et si le bénéfice pouvait être qualifié de récompense du travail « *stipendium laboris* ». Ces idées exposées par Saint Thomas (1) ne furent pas seulement celles du moyen-âge ; elles restèrent en honneur jusqu'à l'époque de la Révolution, enseignées par les meilleurs de nos anciens jurisconsultes : « De toutes les professions, dit « Domat dans son traité du Droit public (2), il n'y en a point de « plus exposée à l'avarice et aux injustices qui en sont les « suites que celle du commerce..... Le premier devoir de « ceux qui exercent cette profession, est de s'y proposer

(1) S. Th. 2à 2æ. Qu. LXXVII, art. iv.
(2) Liv. I, Titre XII, Sect. II, 1.

« d'autres vues que la seule d'y faire du gain, et de se bor- « ner à un profit honnête ». Cette conception du commerce est, on le voit, fort différente des idées modernes qui glorifient la poursuite jadis réprouvée du gain *in infinitum*, qui en font le ressort de la concurrence et des spéculations au sein desquelles naît la valeur et se forment les prix.

Le bénéfice industriel n'était pas suspecté comme le bénéfice commercial, car on voyait sa source dans le travail des métiers. Mais les règlements et usages des corporations veillaient à ce que le gain des artisans ne fût pas altéré par des spéculations contraires à la notion du juste prix. La concurrence devait être loyale, elle était limitée de façon à ne jamais tendre à la ruine d'autrui. *Vivre et laisser vivre* était la maxime dont on cherchait à procurer la réalisation. Une série de mesures professionnelles maintenaient au bénéfice du maître des métiers le caractère de rémunération du travail personnel. Des dispositions nombreuses et minutieuses étaient prises pour éviter la formation des monopoles, pour empêcher les intérêts particuliers de se rendre maîtres du marché. Equitablement jugée, l'ancienne organisation corporative apparaît dirigée contre l'idée de monopole (1); on la voit combinée de manière à faire prédominer, dans toutes les manifestations économiques, la considération de l'intérêt général, du bien commun. La théorie traditionnelle de la juste valeur, pour être bien comprise, doit être placée, suivant une expression de M. Brants (2), « dans le cadre corporatif ».

C. — Si le bien commun, *bonum commune*, est la considération finale qui donne appui à la justice du jugement social de la valeur, il ne s'en suit pas que des considérations

---

(1) Voir sur ce sujet notre brochure tirée de la Revue le *XXe Siècle*, août et décembre 1896 : *La concurrence déloyale, l'accaparement et l'organisation moderne du commerce et de l'industrie.*

(2) Ouvrage cité. Ch, VI, § IV.

moins éloignées n'aient pas à intervenir. L'ancienne doctrine a reconnu au contraire, pour asseoir pratiquement l'appréciation de la juste valeur, un ensemble de bases rationnelles tirées de la nature des biens et de leur production.

Parmi celles-ci, la tradition économique chrétienne a donné une place considérable au travail humain.

C'est là un point hors de doute. Nous venons de dire que les idées reçues et les pratiques corporatives tendaient toujours à ramener les bénéfices à la forme et aux proportions d'une rémunération du travail « *stipendium laboris* ». La théorie générale de la juste valeur conduisait d'ailleurs nécessairement à tenir compte du but social du travail, qui est de faire vivre les hommes. Aussi, d'après les anciens docteurs comme d'après le droit corporatif, le rapport du travail avec la suffisance de la vie humaine et avec le but de celle-ci forme un des principaux éléments du jugement de la valeur ; Henri de Langestein expose que le producteur fixera « *raisonnablement* » ses prix de vente, « de manière à se ré-« munérer de son travail et de ses impenses, pourvoir à ses « besoins et avoir de quoi aussi faire quelque aumône et « dépense pieuse, mais non de façon à pécher par avarice. « Tout cela en s'inspirant du désir de pourvoir à la vie pré-« sente et à la vie future » (1). — Bien plus, on trouve dans les usages et dans les théories d'autrefois la marque d'une croyance à une sorte de convenance naturelle entre le travail humain et la juste mesure de la valeur. Le travail dépensé et les frais de production précédents sont envisagés comme la matière qui doit normalement composer les prix. Dans un exemple d'appréciation donné par Saint Thomas de l'égalité et de la réciprocité commutatives, il est procédé sur ces bases : « *Oportet igitur ad hoc quod sit justa com-« mutatio ut tanta calceamenta dentur pro una domo vel pro*

(1) V. Brants, Ibid. Ch. VI, § IV, n° 1.

« *cibo unius hominis, quantum ædificator vel agricola excedit* « *corcarium in labore et in expensis* » (1). Ce n'est pas à dire que le travail constitue seul la juste valeur : semblable proposition ne serait conforme ni aux textes, ni aux mœurs, ni aux principes qui font hautement compter la considération de l'utilité sociale. Mais il y a dans la doctrine traditionnelle l'indication d'une affinité particulière entre le travail et la valeur, soit à cause du rôle du travail dans la production, soit à cause de son caractère plus social et plus commensurable que les désirs des contractants, soit à cause de la tendance économique à une certaine harmonie entre la dépense de travail et la grandeur de la valeur. Nous aurons à revenir sur ce sujet déjà rencontré dans nos précédents articles.

D. — Il reste à voir quel est, d'après la doctrine traditionnelle, le rôle de l'argent dans la détermination de la juste valeur. C'est un rôle instrumental et contingent. L'usage de l'argent a été « *inventé* » pour mesurer pratiquement l'égalité de valeur des prestations réciproques, spécialement dans l'achat et la vente : « *ad hoc inventa sunt nu-* « *mismata* », disait Saint Thomas(2). Cet usage de l'argent est un fait économique distinct des principes eux-mêmes sur la juste valeur, c'est un moyen de mesurer celle-ci, mais il peut y en avoir d'autres et l'on peut employer ce moyen-là de diverses façons ; ce qui est absolu et supérieur, ce sont les principes, non les moyens de mesurer la valeur.

Si l'on fait de l'évaluation des biens en argent comptant la formule générale de mesure de la valeur, on se trouve en présence d'une difficulté. En effet, lorsqu'on mesure ainsi les prestations, en somme versée et somme rendue, on constate entre elles des inégalités de valeur dans plusieurs

(1) *Comment. ad Ethic.* Ed. Parme XXI, p. 172. V. Brants, Ibid. Ch. VIII, § 2.

(2) S. th. 2 a 2æ, Qu. LXI, art. IV, c, et Qu. LXXVII, art. I, c.

sortes de contrats réputés justes par la doctrine traditionnelle : comment ces inégalités de valeur peuvent-elles se concilier avec la loi de justice inexorable de l'égalité de valeur dans les contrats? Comment la doctrine traditionnelle peut-elle admettre à la fois la loi de *l'équivalence contractuelle* et, nous l'avons vu, la légitimité possible d'une plus-value? C'est sans doute que le mode de mesure en argent comptant qui fait ressortir là une contradiction n'est pas le mode essentiel et nécessaire de mesurer, en toute hypothèse, la valeur et d'apprécier l'égalité contractuelle.

Dans la doctrine traditionnelle, nous l'avons déjà fait observer, il n'existe pas de méthode ou de formule absolument générales pour la mesure de la valeur et de l'égalité contractuelle. Il y a diverses espèces de contrats, et il faut rechercher l'égalité qui est propre à chacun d'eux, « *sua* « *cujusque æqualitas* », suivant l'expression de l'Encyclique *Vix pervenit.* La mesure de cette égalité doit être faite conformément aux règles supérieures de la juste valeur, sans qu'elle soit toujours liée par les évaluations en argent comptant, en somme versée et somme rendue, comme dans le *mutuum.*

C'est un nouveau terrain, inconnu de la tradition, que la recherche d'une expression généralisée de la valeur embrassant, pendant leur durée, les relations de contrat et d'échange où il y a œuvre de production avec mouvements de valeur et plus-value possible, expression susceptible de faciliter ces relations et d'y faire apprécier l'égalité contractuelle. Tout ce que nous pouvons remarquer, dès à présent, c'est que la doctrine traditionnelle ne défend pas de chercher à modifier et à perfectionner les méthodes de mesure de la juste valeur, en conformité avec les principes, *si fieri potest.*

— Dans le chapitre qui suivra celui-ci, nous essaierons de présenter une théorie complète de la juste valeur et de la plus-value en rapport avec les solutions à donner au problème de justice soulevé par le capital moderne. Nous venons de marquer quelles lignes essentielles nous trace la tradition sur le principe de l'égalité contractuelle et de la juste valeur.

§ V

RÉSUMÉ ET CONDITIONS ESSENTIELLES A LA JUSTICE DU CONTRAT DE CRÉDIT.

A. — Résumons les principes de la philosophie chrétienne traditionnelle qui viennent d'être exposés.

Ces principes sont ceux qui ont fait porter les condamnations contre l'intérêt de l'argent, contre l'usure. Leur violation dans les relations de contrat et d'échange constitue l'*injustice usuraire*. Leur observation s'impose dans le règlement de la question de justice du capital.

On peut les exprimer en courtes propositions sous la forme suivante :

1er *Principe.* On ne peut tirer profit des biens que si l'on conserve sur eux un droit de domaine, « *dominium* », avec les risques et les charges que comporte la notion chrétienne de la propriété.

2e *Principe.* On doit régler l'attribution des profits, suivant l'action de la causalité dans l'œuvre de la production, et notamment respecter, dans cette attribution, le droit du travailleur sur le fruit de son travail.

3e *Principe.* On doit observer, dans les contrats, une loi d'égalité entre les parties. L'application de cette loi a pour mesure la juste valeur fixée par un jugement social « *communis et publica æstimatio* », en vue du bien commun « *bonum commune* », sur des bases rationnelles parmi lesquelles le travail humain occupe une place particulièrement importante.

B. — Si l'on s'en réfère aux mœurs courantes et aux doctrines des économistes libéraux sur le capital moderne, c'est-à-dire, si le capital se confond avec la conception de l'argent toujours et nécessairement productif, s'il donne pour forme-type au crédit le prêt à intérêt, il est évident que les principes traditionnels le rendent condamnable.

En effet, suivant ces mœurs et ces doctrines modernes: le premier principe est violé, car il y a, dans le prêt du capital, transmission complète du *dominuim*, le capitaliste se décharge juridiquement vis-à-vis d'autrui des charges et des obligations de la propriété. Le second principe est violé, car il est fait abstraction des droits du travailleur dans l'attribution des profits; puis la productivité du capital, telle qu'elle est prise en considération, a sa source, non dans la nature ou dans le travail, mais dans les besoins de ceux qui manquent de capital et dans l'intensité de leur recherche. Le troisième principe est violé, car la seule loi de la valeur et des contrats reconnue par le capital est la rencontre des offres et des demandes, sans autre direction que l'intérêt individuel, sans limites à la concurrence, sans règle supérieure de bien social, à tel point que des spéculations contraires à l'intérêt général et spoliatrices d'autrui entrent pour beaucoup dans la méthode de fructification du capital.

D'autre part, l'énoncé de ces principes fait connaître les conditions irréductibles de l'accord cherché entre la justice traditionnelle et la notion nouvelle du capital. Sera-t-il possible d'arriver à satisfaire ces conditions, de purifier la conception du capital des injustices modernes, en conservant néanmoins les avantages de l'expression généralisée de la valeur et de la représentation fiduciaire des richesses, avec les facilités apportées à l'œuvre de la production? Quels changements faudrait-il introduire dans les théories et les pratiques actuelles ? Ce sera l'objet de l'article qui terminera notre série, après que nous aurons achevé, en ce qui concerne la valeur et la plus-value, de rassembler les éléments de la solution de ce problème de justice.

C. — Comme conclusion de l'étude des principes de l'économie chrétienne traditionnelle, il convient d'examiner comment on peut concevoir le crédit sous l'empire de ces principes. Quelle idée conforme à la justice pouvons-nous emporter de ce contrat général de crédit que les économistes placent à la base du système du capital ?.

On ne peut certainement lui reconnaître la nature du prêt à intérêt. C'est là l'erreur de l'économie moderne que réprouvent absolument les principes traditionnels.

Mais il peut y avoir d'autres manières de comprendre un contrat qui revêt la forme générale suivante : remise d'une certaine quantité de richesse pour être rendue, au bout d'un certain temps, avec un accroissement. En un pareil contrat, la quantité de richesse primitive exprimée en argent répond à l'appellation de capital employée déjà par les docteurs du XVe siècle, le laps de temps correspond à l'accomplissement de l'œuvre de production pour laquelle le capital est confié au travail, l'accroissement est le bénéfice, la plus-value, le « *lucrum industriale* » qui peut être obtenu par le concours du travail avec le capital.

Le crédit, envisagé comme un contrat général, n'est pas chose prévue expressément dans l'économie traditionnelle, mais il est aisé de fixer, d'après les principes, les conditions qu'il doit remplir.

a) Le maître du capital doit conserver le *dominium* ou un démembrement de ce droit, tel que lui demeurent les risques et les obligations inséparables des avantages de la propriété. Spécialement, il ne saurait se décharger de la responsabilité incombant à qui emploie le travail d'autrui.

b) La plus-value ou profit qui suit l'œuvre de la production, s'il en existe, doit revenir aux facteurs de la production. Le maître du capital n'a pas le droit de se l'approprier, il ne peut prétendre qu'à la part attribuable à la propriété des forces naturelles et du travail accumulé par l'épargne, il doit laisser le travail qui met en œuvre le capital prendre sa part. — Cette thèse, rattachée à la tradition, est celle qui « se fait jour dans les plus hautes régions de « la philosophie chrétienne »,écrivait naguère M. de La-Tour-du-Pin (1), répondant à la question de savoir si la plus-value « doit être considérée comme étant le fruit unique- « ment du capital et doit dès lors revenir en entier au « capitaliste », ou bien, si elle doit « être partagée égale- « ment, c'est-à-dire, proportionnellement à l'apport, entre « celui-ci et le travailleur ».

c) La détermination des profits et, s'il y a lieu, celle d'un revenu moyen du capital, doivent avoir lieu suivant les règles de la juste valeur, sans exploitation du besoin des emprunteurs ou travailleurs, sans grossissements provenant d'altérations du jugement social de la valeur. Le contrat général de crédit doit établir égalité et réciprocité dans les charges et les avantages de la production : si la plus-value est un fait normal, chaque partie devra, selon la moyenne des rétributions, en obtenir sa part, outre l'équivalent de son principal, capital ou travail dépensés; ainsi sera satisfaite *l'équivalence contractuelle.*

— Ici une observation importante s'impose. Si la légitimité du contrat général de crédit demande que le capitaliste conserve un certain droit de propriété, que le travailleur obtienne sa part de profit, que les charges et les avantages de la production soient répartis avec égalité et réciprocité, c'est qu'en réalité ce contrat doit avoir, non la nature du prêt à intérêt, mais celle du contrat de société, qu'il doit être une forme d'association.

Cette constatation est bien d'accord avec la tradition sur le sujet, elle y trouve sa confirmation. Saint Thomas enseigne

(1) *De l'essence des droits et de l'organisation des intérêts économiques*, dans l'*Association Catholique* du 15 juillet 1891.

en effet qu'un profit « *lucrum* » légitime peut provenir de l'argent « *per modum societatis cujusdam* » (1). De plus, les théologiens qui ont essayé, les premiers, de légitimer l'intérêt de l'argent et le crédit moderne au moyen du *Trinus contractus*, ont pris pour point de départ le contrat de société. Les contrats d'assurance qu'ils ont fait ensuite intervenir ne peuvent aller jusqu'à changer la nature essentielle du contrat fondamental, pas plus qu'ils ne doivent altérer les moyennes sociales résultant des faits économiques.

Quelles que soient les généralisations et combinaisons jugées conformes aux besoins économiques modernes, il faudra retenir que le contrat de crédit, pour demeurer juste, doit conserver les caractères essentiels d'une vraie association entre le capital et le travail.

---

(1) S. th. 2a 2æ. Qu. LXXVIII, art. II, ad 5.

CHAPITRE VI

THÉORIE DE LA VALEUR, DE LA JUSTE VALEUR, DE LA PLUS-VALUE ET DE LA MESURE DE LA VALEUR

§ I.

OBSERVATIONS PRÉLIMINAIRES. — IMPORTANCE DE LA QUESTION DE LA VALEUR ET DE LA PLUS-VALUE DANS LE PROBLÈME DE JUSTICE DU CAPITAL.

Dans l'examen des principes économiques de la philosophie chrétienne traditionnelle, objet de notre dernier article, nous avons trouvé l'indication des éléments essentiels d'une doctrine sur la juste valeur. Mais la tradition a laissé plus d'un point dans l'ombre et ne nous a pas donné d'ailleurs un exposé d'ensemble.

Il est nécessaire à notre étude du capital moderne d'essayer de présenter une théorie complète de la valeur et de la plus-value. C'est ce que nous chercherons à faire, sans avoir la prétention de tout résoudre en une matière aussi complexe et ardue, mais en disant assez pour éclairer le problème de justice du capital et permettre sa solution.

Notre exposé critique des idées des diverses écoles économiques a montré que ce sujet de la justice du capital est concentré autour de la question de la plus-value.

Y a-t-il place, dans la production, pour un phénomène

réel et juste de plus-value, d'accord avec la doctrine de la juste valeur ? La plus-value, le *lucrum* des anciens, qui paraît naître de la rencontre du travail avec les moyens de production, nommés capitaux, est-elle chose conforme à la théorie rationnelle et juste de la valeur ?

Puis, si ce phénomène est reconnu, sous certaines conditions, réel et légitime, peut-il servir d'appui à des profits ou à des revenus en faveur des propriétaires ? Et dans quelle mesure ?

Peut-on, en outre, partir du phénomène de la plus-value, pour donner, dans un système général de mesure de la valeur, une forme progressive à l'équivalent universel, lorsqu'il s'agit de relations de crédit ?

Pour répondre à cette suite de questions, il convient de commencer par étudier tout d'abord la théorie de la valeur dans ses premières bases, afin de voir si le phénomène de la plus-value peut y prendre origine.

§ II.

DE LA VALEUR. — LE FAIT ET LA NATURE DE LA VALEUR.

Une première difficulté réside dans l'ambiguité sur la façon de définir la Valeur.

Selon Adam Smith (1), l'expression *Valeur* a deux sens différents ; tantôt il signifie l'utilité d'une chose, tantôt il signifie la faculté d'acquérir d'autres biens avec cette chose. La valeur, dans le premier sens, peut s'appeler *valeur d'usage*, et dans le second sens, *valeur d'échange*. Il est aisé de constater, ajoute Smith, la grande différence qui existe entre les deux significations : tandis, par exemple, que l'eau

(1) *Recherches sur la nature et les causes de la richesse des nations*. L. I, ch. IV.

qui a une très grande valeur d'usage, n'a, la plupart du temps, qu'une valeur d'échange nulle ou très minime, le diamant, au contraire, qui a une valeur d'usage assez petite, a une valeur d'échange très grande.

Ces deux expressions sont entrées dans les écrits des économistes ; on y lit généralement que la valeur d'usage, c'est l'utilité des choses, et que la valeur d'échange, ou *valeur* tout court, c'est leur pouvoir d'acquisition.

Mais ces considérations sur la valeur sont loin de nous donner le dernier mot de la question.

Et d'abord, en disant que la valeur d'usage est l'*utilité* des choses, les auteurs ne s'entendent pas tous entre eux et ne s'entendent pas toujours avec eux-mêmes ; ils donnent alternativement au mot utilité un sens individuel ou un sens général. L'utilité étant l'*aptitude des choses à satisfaire les besoins humains*, on peut, en parlant d'utilité, considérer soit les besoins des individus en particulier, soit ceux de l'humanité en général. Lorsque Condillac nie qu'il puisse y avoir égalité dans l'échange, il entend par valeur l'utilité individuelle : « Nous voulons, dit-il, livrer une chose qui nous est « inutile, pour nous en procurer une qui nous est nécessaire ». Karl Marx (1), en critiquant Condillac, adopte cependant son point de vue sur la valeur d'usage, il voit en elle l'utilité individuelle, et par conséquent il ne peut y découvrir que la diversité même. Mais, très fréquemment dans le langage économique, comme lorsque Adam Smith oppose l'eau au diamant, l'expression valeur d'usage implique une certaine généralisation : on envisage l'utilité des choses spéculativement par rapport aux besoins, non de tel ou tel individu, mais de l'humanité ou d'un groupe social, abstraction faite cependant des réactions et modifications que la composition de la masse même des richesses peut produire sur la notion d'utilité sociale.

(1) *Le Capital*, ch. V.

Si maintenant nous arrivons à la valeur d'échange, ou *valeur au sens usuel* du mot, il faut reconnaître que les définitions des économistes sont presque toujours absolument insuffisantes. Suivant M. Paul Leroy-Beaulieu (1) : « La « valeur est la propriété qu'a tel objet de s'échanger contre « un certain nombre d'autres ». Suivant M. Bourguin, dans un récent ouvrage (2) : « La valeur, d'après la définition qu'on « en donne généralement, est le pouvoir d'acquisition d'une « marchandise sur le marché des échanges ».

Les définitions habituelles reviennent à dire que la valeur est le *pouvoir d'acquisition* des choses, leur *puissance échangeable.* Mais ce n'est là qu'un mode de définition purement descriptif, on se borne à énoncer le phénomène économique de la valeur, *on ne dit pas quelle est la nature de la valeur.*

La véritable définition consiste à expliquer pourquoi les choses ont cette puissance échangeable qu'on appelle valeur, à exprimer ce qui cause et ce qui constitue la valeur.

La recherche d'une définition de cette sorte, aussi bien dans les écrits des économistes que dans l'expérience des faits, amène vite à constater que le premier élément essentiel à l'existence de la valeur est l'utilité : pas de valeur sans utilité. En cela, les deux termes valeur d'échange et valeur d'usage procèdent de la même idée générale. Cette vérité qui nous montre le premier fondement de la valeur dans l'utilité, a reçu l'adhésion de Karl Marx lui-même : « Aucun « objet, dit-il, ne peut être une valeur, s'il n'est une chose « utile. S'il est inutile, le travail qu'il renferme est dépensé « inutilement et conséquemment ne crée pas de valeur » (3).

Mais, ceci reconnu, Marx et l'école socialiste s'appuyant, nous l'avons vu, sur des propositions de l'école économique classique, émettent la prétention que la valeur, en tant

---

(1) *Précis d'Economie politique*, 3e partie, ch. I, § 5.

(2) *La Mesure de la Valeur et la Monnaie*, par Maurice Bourguin, professeur à l'Université de Lille, 1re partie, ch. III.

(3) *Le Capital*, ch. I, § I, *in fine*.

que puissance échangeable des choses, est indépendante de sa base, l'utilité. D'après leur théorie, la valeur se meut sur cette base, sans ressentir les oscillations propres à cette dernière. Il n'y a plus de relation entre la valeur et l'utilité. Il est fait abstraction de celle-ci, « tout rapport d'échange est « même caractérisé par cette abstraction » (1), pour ne compter dans la valeur que la dépense de travail humain : la valeur serait constituée, nullement par des quantités d'utilité, uniquement par des quantités de travail. Outre son désaccord avec les faits d'expérience courante, on peut opposer à cette thèse les raisonnements mêmes de Karl Marx. A propos des conditions qui donnent une valeur vénale aux produits, Marx écrit : « Il faut avant tout que le travail « dépensé dans la marchandise l'ait été sous une *forme socia-* « *lement utile*... Un produit satisfait aujourd'hui un *besoin* « *social*; demain, il sera peut-être remplacé, en tout ou en « partie, par un produit rival... Si le *besoin* de toile *dans la* « *société*, et ce besoin a sa mesure comme toute autre chose, « est déjà rassasié par des tisserands rivaux, le produit « devient superflu et conséquemment inutile » (2). Marx admet donc qu'il existe une relation étroite entre la valeur et l'utilité, telle qu'un produit perd sa valeur s'il perd son utilité. Mais, il y a en cela des degrés, et les mêmes raisons rendent évident que la valeur est en dépendance du plus et du moins dans l'utilité, des variations de celle-ci. Le langage de Marx implique que la valeur d'échange est une fonction de l'utilité sociale, qu'il est donc impossible de faire abstraction de l'utilité dans la notion de la valeur.

Si l'utilité est essentielle à la valeur, il est certain aussi qu'elle ne suffit pas à la constituer. Nous l'avons vu à propos des deux termes valeur d'usage et valeur d'échange : il y a des choses fort utiles qui ont peu de valeur et des choses assez peu utiles qui ont beaucoup de valeur.

---

(1) *Le Capital*, ch. I. § I.
(2) *Ibid*, ch. III, § I, 2, a.

Quelle modification ou adjonction doit être apportée à l'utilité pour former la valeur des choses, dans les relations d'échange ?

Les économistes ont cherché plutôt à éluder cette partie si considérable de la définition. Il en est qui renvoient vaguement au travail et aux frais de production, sans préciser la nature du lien qui unit ces éléments à la valeur et sans voir le cercle vicieux que relève avec raison M. Gide : « Avant de faire des frais quelconques pour la production « d'une chose, tout producteur, en effet, commence par se « demander quelle sera la valeur du produit » (1). L'idée de la valeur est antérieure à celle du travail et des frais de production. Comme le dit encore M. Gide, le travail, la dépense de travail, est moins « *la cause* » que « *l'effet de la valeur* » (2). D'autres économistes ne consentent pas à voir dans la valeur autre chose qu'un rapport entre les choses utiles ; ils se refusent à aller au-delà, ils n'admettent pas l'existence d'une « valeur intrinsèque » (3), d'où dépendent les rapports d'échange ; cependant ces rapports supposent forcément dans les choses une qualité commune susceptible de comparaison.

Malgré ces incertitudes, les écrits des économistes nous fournissent des données d'accord avec la réalité des faits, pour déterminer quelle sorte d'utilité compte dans la valeur.

Chez les auteurs des diverses écoles, nous trouvons cet aveu que la valeur a un caractère social et que l'utilité y est envisagée sous un concept social.

Ce caractère social de la valeur est une des thèses de Karl Marx. Lorsqu'il essaie de faire du travail la substance de la valeur, il a soin de s'élever au-dessus du point de vue individuel, ce qu'il omet, lorsqu'il prétend éliminer l'utilité.

---

(1) *Principes d'Economie politique*, L. I, Ch. II. Art. V, note.
(2) *Ibid.* L. I, ch. III, Art. II, note.
(3) M. Bourguin, *Ibid*, 1re P. ch. III et IV.

L'analyse des phénomènes économiques a pourtant mis sous sa plume la citation significative reproduite tout à l'heure sur le rôle de l'*utilité sociale*, du *besoin social*, dans la formation de la valeur. — Au cours de son étude sur les divers systèmes de la valeur, M. Bourguin est amené à dire : « Il « faut considérer que la valeur d'échange d'une chose est « un *phénomène social* émanant d'une collectivité... Il faut « dire que la valeur d'échange traduit et mesure l'intensité « d'un *désir collectif* » (1). M. Cauwès, en essayant d'appuyer, suivant la tradition économique, la valeur sur le travail, parle constamment de l'utilité sociale du travail, il voit dans la valeur «l'expression du degré *d'utilité sociale* du travail» (2). « Il faut voir, dit-il, dans le travail autre chose que la beso- « gne et la durée matérielle, à savoir l'*utilité sociale* qui en « résulte » (3). Mais l'utilité sociale qui résulte du travail ne peut être connue que par celle des produits, objet du travail. On en revient toujours à l'utilité des choses appréciées sous un concept social.

Le point de vue social est une nécessité de l'idée de valeur, il est essentiel à la généralition contenue dans cette idée, c'est la condition d'existence de la qualité générale qui fournit les termes de comparaison dans les choses à échanger.

Ce n'est pas à dire que la seule notion d'utilité sociale suffise à constituer la valeur : cette notion ne donne encore, nous l'avons remarqué, qu'une valeur d'usage, non la valeur d'échange. Il faut une appréciation sociale d'un genre particulier, tenant compte de la masse des biens existants et de la production générale. L'utilité sociale pour former la valeur doit être considérée dans la masse sociale, avec les

---

(1) *Ibid*, ch. III, p. 34.

(2) *Précis d'Economie politique*, T. I. n° 194 ; voir aussi n°s 192, 195, 196, 197 et 201.

(3) *Ibid*, n° 195.

réactions et modifications que produit la composition de cette masse, en rendant les choses plus ou moins rares, plus ou moins précieuses, leur production plus ou moins insuffisante.

Beaucoup d'économistes qui négligent trop le point de vue social sont d'accord ici pour faire intervenir la rareté dans le jugement de la valeur, pour parler de « l'utilité « rare qui fonde la valeur » (1). Dans l'appréciation qui donne la valeur des choses, le plus haut degré appartient à *ce qui manque le plus*, à ce qui est le plus *désirable* eu égard à l'ensemble des besoins humains. Divers économistes ont essayé d'exprimer cette idée en disant que la valeur est la *désidérabilité* (2) et l'on a ajouté qu'il s'agit d'un « désir général » (3), d'un « désir collectif » (4). On retrouve là les idées des anciens docteurs, ils se servaient d'une expression à peu près équivalente, en rapportant la valeur des choses à l' « *indigentia communis* » (5).

La valeur n'est donc pas l'utilité ni même l'utilité sociale, mais un mode de l'utilité sociale.

Pour préciser et compléter, nous dirons que la valeur des choses est constituée par leur utilité appréciée de la triple façon suivante :

1° *Sous un mode non individuel, mais général et social.* L'utilité plus ou moins grande d'une chose par rapport à tel ou tel individu ne donne pas sa valeur ; elle donne seulement le motif pour lequel on la recherche et on la préfère à celle qu'on donne en échange. Ainsi, si j'échange un cheval de 1000 francs contre une voiture de même valeur, j'estime que la voiture m'est plus utile personnellement que

(1) M. Bourguin, *ibid.*, ch. XIII, p. 240-241.
(2) Gide. Principes d'économie politique, ch. II, art. I.
(3) *Ibid.*, § 1, note.
(4) M. Bourguin, l. c.
(5) V. Brants. *Les théories économiques aux XIIIe et XIVe siècles*, ch. V.

le cheval, et mon co-échangiste estime précisément le contraire : là, jamais d'égalité entre les parties, car il n'y aurait plus de mobile à l'échange. Ce n'est pas là ce qui donne la valeur de 1000 francs qu'ont la voiture et le cheval, l'un et l'autre. Ce qui donne cette valeur, c'est une appréciation qui embrasse l'ensemble de la recherche des chevaux ou des voitures dans la société, et se rapporte au désir collectif. Le phénomène de la valeur est ainsi fait, les économistes nous le montrent dépendant de l'offre et de la demande sur toute l'étendue sociale du marché.

2° *En tenant compte de la masse des richesses de toute espèce* et de l'influence que sa composition actuelle ou prochaine a sur le désir général. La valeur dépend de l'abondance ou de la rareté des choses de même espèce ou seulement d'utilité similaire, de la suffisance ou de l'insuffisance de leur production, etc. Le jugement de la valeur met l'utilité des choses en relation avec l'ensemble des richesses et l'apprécie d'après la place occupée dans cet ensemble. Il s'opère une certaine mise en commun de biens, une sorte de passage dans la masse rendue commune pour un instant des biens de la société, au moment de la fixation des valeurs.

3° *Par rapport aux besoins de l'ensemble social, tel qu'il existe et qu'il se trouve constitué de fait.* Or, la constitution de la société a une influence extrêmement grande sur la nature des besoins dont la satisfaction est recherchée, sur l'intensité de cette recherche, par conséquent sur l'appréciation du mode d'utilité qui compte dans la valeur des biens. Cette appréciation dépend des idées philosophiques et morales dominantes, de l'aisance déjà plus ou moins répandue, de l'inégalité de répartition des richesses, des libertés civiles, de l'état d'indépendance ou de sujétion des individus, etc. Tous ces éléments de variation sont sensibles notamment dans l'appréciation qui fait la valeur des choses de luxe.

Il faut convenir que l'utilité sociale ainsi comprise est chose fort complexe. L'appréciation qui la donne dépend, outre les conditions matérielles, de conditions d'ordre moral et de droit positif difficiles à déterminer et toujours variables. Mais, c'est bien ainsi, en réalité, qu'est la valeur des choses. Il n'en faut pas conclure que « nous sommes là « dans un domaine qui échappe aux chiffres » (1) et en tirer objection contre la théorie. Peu importe la nature complexe de l'utilité sociale qui constitue la valeur, il suffit qu'il y ait un terme de comparaison unique dans l'échange des biens ; dès lors naît, pour chacun d'eux, une *grandeur* particulière, et c'est tout ce qu'il faut aux chiffres, sauf d'ailleurs à concrétiser par les méthodes de mesure et systèmes d'unités dont nous aurons à parler.

S'il faut maintenant formuler une définition de la valeur, nous le ferons en ces termes : la *valeur* ou *puissance échangeable des biens*, est leur *utilité appréciée sous le concept général qui résulte du rapport avec les besoins de l'ensemble social, dans l'état, à la fois matériel, moral et légal, où la société se trouve constituée.*

La valeur est une notion *subjective*, en ce sens qu'elle existe par rapport à nous, à nos besoins, à nos désirs et qu'elle résulte du jugement humain.

Mais, elle est aussi une notion *objective*, en ce que ce jugement humain a des bases réelles et indépendantes de l'arbitraire; ces bases ne se trouvent pas seulement dans les choses, dans leurs propriétés physiques et leur quantité matérielle, elles se trouvent surtout dans les fins sociales qui règlent ou doivent régler les besoins et les estimations de la collectivité.

La valeur n'est donc pas une conception sans relation avec

---

(1) M. Bourguin, *Ibid.* ch. III, art. intitulé : *D'une valeur intrinsèque tirée de la valeur d'usage et de l'utilité.*

la loi morale, *amorale*, dépendant du seul jeu des intérêts et des convoitises, uniquement régie par l'offre et la demande. Nous venons de voir *ce qu'est la valeur*, en tant que phénomène purement économique ; nous verrons au paragraphe suivant *ce qu'elle doit être*, en tant que manifestation de l'activité humaine soumise à la loi morale, ce qui fait d'elle la *juste valeur*.

Nous avons dû entrer dans d'assez longs développements, parce que l'intelligence exacte des questions de plus-value, de capital, de justice économique, dépend beaucoup de la connaissance du phénomène de la valeur conforme à la réalité des faits. Il convient de retenir, pour la suite du sujet, que la valeur est nécessairement en dépendance de l'utilité, à savoir du mode d'utilité que nous avons essayé de déterminer, et ainsi, contrairement à la théorie de Marx, que les variations, augmentations ou diminutions, dans la production de la richesse (1) ont leur répercussion naturelle dans l'ordre de la valeur.

§ III.

DE LA JUSTE VALEUR

La juste valeur est la valeur telle qu'elle doit être. Il ne s'agit pas de forger une notion nouvelle, de changer la nature économique de la valeur, il s'agit d'ordonner celle-ci suivant la justice, de la mettre en conformité avec la droite raison et la loi morale, qui sont les règles de l'activité humaine.

Comme nous l'avons exposé dès le premier chapitre de notre étude sur le capital, l'ordre moral voulu par la raison

(1) Le sens du mot *richesse* n'est pas bien fixé, mais pratiquement il s'applique moins à l'utilité pure et simple que précisément à cette utilité appréciée socialement qui compte dans la valeur des choses.

dans tout le domaine de l'activité économique, est tiré de *l'idée de finalité*. Que les choses et les actes soient ordonnés vers la *vraie fin*, que les manifestations de l'intérêt personnel et les rapports des hommes entre eux à l'occasion des richesses soient « réglés par la loi de la fin », c'est là que sera la source de leur justice.

Or, nous venons de voir que la valeur, d'après sa nature économique, est un phénomène *social* qui donne aux richesses une mesure commune dans les échanges ; qu'elle résulte d'une appréciation émanée de la collectivité sur l'utilité des biens, eu égard aux besoins, proportionnés aux circonstances, de l'ensemble social.

Ce qui constituera, par dessus tout, la justice de la valeur, c'est que ce jugement social de l'utilité, cette appréciation des besoins sociaux et de leurs proportions, soient portés en considération de la vraie fin de la société. C'est dans la relation avec le *bien commun, celui-ci étant supposé lui-même ordonné à la vraie fin de l'humanité*, que se trouvera le premier principe de la juste valeur.

Tel fut, nous l'avons montré, le point de vue de la philosophie chrétienne traditionnelle.

L'idée fondamentale de la finalité conduit à éclairer et rectifier l'action de la liberté économique, dans la fixation de la valeur.

Ainsi, la conception de la valeur et le jugement qui la détermine étant essentiellement d'ordre social, de là découlent des conditions de justice dans les procédés mêmes qui nous donnent la valeur. En effet, la société est constituée pour le bien de tous, et tout ce qui tient à elle doit être organisé en conséquence. Pour être véritablement social, le jugement de la valeur devra être l'œuvre libre et éclairée de la communauté, sans que les intérêts des uns prédominent et étouffent ceux des autres, sans que les accaparements et les monopoles viennent fausser la mise en relation, sur le marché, avec l'ensemble social des richesses. Les considérations de justice portent rationnellement à dégager et développer certaines tendances d'harmonie naturelle du phénomène de la valeur.

Ainsi encore, le rapport de la juste valeur avec la fin sociale implique la prise en considération, dans le jugement de la valeur, des fins propres de l'activité économique intimement liées au bien commun. De cette façon, le travail humain, avec son rôle, se trouve placé, à un rang très important, parmi les bases objectives du juste jugement de la valeur. Le bien commun demande que la détermination de la valeur soit faite d'accord avec les fonctions sociales du travail, cause efficiente de la production. Nous aurons à reparler dans un paragraphe spécial des relations du travail humain avec la valeur et la plus-value, mais dès maintenant il fallait marquer ici un des points principaux de la notion de la juste valeur.

On voit que nous avons retrouvé par le raisonnement les éléments de la juste valeur que la doctrine traditionnelle a mis en lumière.

Si l'on demande une définition de la juste valeur, nous proposerons celle-ci :

La juste valeur est :

La grandeur des biens dans les échanges, assignée par une estimation libre et éclairée de la communauté.

Eu égard au rapport entre les biens, leurs qualités, quantités, modalités (cause matérielle et formelle de la production), *et les besoins sociaux ordonnés à la vraie fin de l'humanité* (cause finale de la production), *mis en harmonie avec les fonctions du travail humain* (cause efficiente de la production).

La valeur économique, c'est-à-dire la notion de l'utilité sociale caractérisée plus haut, fait toujours le fond de la définition, la puissance échangeable des biens est toujours montrée en dépendance de l'aptitude à satisfaire les besoins humains ; mais en outre la forme et les bases du jugement qui exprimera cette notion sont déterminées selon la raison.

En se reportant aux explications données sur la valeur économique, à propos du rôle considérable des idées reçues et des institutions légales dans l'estimation sociale des biens, on reconnaîtra que la voie pour diriger et rectifier cette estimation, suivant les bases du jugement de la juste valeur, se trouve surtout dans la formation de l'opinion et des mœurs publiques, puis également dans la constitution du droit positif et de tout l'organisme social.

La justice dans la valeur consiste donc en une certaine direction ou réglage supérieur de la liberté économique, en vue des fins de l'activité humaine. Elle ne fait nullement obstacle à l'accomplissement des phases naturelles de la valeur économique qui tiennent aux variations réelles de l'utilité des biens, elle en consacre même la légitimité, pourvu qu'il ne s'y mêle rien de contraire aux justes bases du jugement de la valeur. C'est à l'étude de ces variations ou phases de la valeur économique, dans l'œuvre de la production, qu'il nous faut maintenant arriver.

§ IV.

DE LA PLUS-VALUE ET DE LA NOTION DU CAPITAL

A. — L'expérience montre clairement que la valeur des biens est susceptible de variations : elle peut, pendant une durée de temps donnée, devenir plus grande ou moins grande, elle peut subir des plus-values et des moins-values au cours des échanges. Ces variations de valeur tiennent aux variations de l'utilité, du mode d'utilité sociale qui compte dans la valeur des biens. Pareille répercussion de l'utilité sur la valeur est absolument conforme à la nature de la valeur économique et à sa théorie rationnelle. Elle est de plus un fait si évident et si habituel que les théoriciens du socialisme n'ont pu s'empêcher de le reconnaître, nous l'avons montré par des citations de Karl Marx, malgré le désaccord avec leur doctrine qui place la substance de la valeur uniquement dans la quantité de travail mesurée par le temps, grandeur invariable une fois réalisée.

Une augmentation dans l'utilité d'une certaine quantité matérielle de richesse peut donc amener une augmentation de la valeur de celle-ci, une plus-value ; c'est là un fait économique évident et rationnel.

Le sujet se complique, si l'on fait intervenir le phénomène de la production, c'est-à dire si la richesse est employée à une œuvre de production pendant la durée de temps et le cours des échanges, où l'on considère sa valeur. C'est là pourtant le cas ordinaire, car en général les richesses ne restent pas longtemps sans être employées. L'œuvre toujours renouvelée de la production est l'une des causes motrices de l'échange et de l'emploi des richesses ; elle les fait passer à travers des transformations matérielles et des consommations reproductives. Ces métamorphoses enlèvent au sujet sa simplicité.

Sans aller plus loin, on reconnaîtra que les variations d'utilité qui affectent la valeur des biens peuvent tenir aux variations de l'utilité dans la production. A un premier point de vue, une richesse pourra augmenter de valeur, si son usage productif augmente, si la production obtenue par son emploi dans des conditions nouvelles croît soit en qualité, soit en quantité. A un autre point de vue, une somme de richesse, considérée dans la suite des métamorphoses de la production, pourra grandir en valeur, en même temps que grandira l'utilité générale du produit de ses transformations : ce progrès en utilité et en valeur est un objectif naturel du travail producteur. Dès l'instant, on aperçoit que les *plus-values* qui se réalisent dans la production peuvent avoir pour fondement logique la *plus-utilité* ou la *plus-production* traduites en valeur.

B. — Mais, il faut pousser plus avant l'analyse économique de l'œuvre de la production et des changements de valeur, particulièrement des plus-values, qui s'y manifestent.

L'œuvre de la production exige nécessairement deux éléments : d'une part, une certaine quantité de richesse, moyens de production, consistant en matières premières et auxiliaires, instruments, subsistances ; d'autre part, un travail humain qui emploie les moyens de production et, en même temps, transforme les matières premières, use les instruments, consomme les subsistances. Le résultat de l'opération s'appelle le produit.

Or, la valeur du produit, dans l'ordre économique actuel, comprend généralement la valeur des matières transformées, celle de l'usure des instruments, celle des subsistances consommées par les travailleurs et, en outre, un surplus de valeur, une plus-value.

C'est là un fait d'expérience, ces phases de la production avec plus-value existent dans le phénomène de la valeur, tel que nous le voyons se manifester.

Comment expliquer que l'on ait ainsi une richesse résultante plus grande en valeur que les composantes ?

Nous avons dit quelle était l'explication socialiste. La plus-value aurait pour cause unique une spoliation originaire des travailleurs, la mise en œuvre d'un travail non-payé.

Voici le raisonnement de Karl Max. L'augmentation de valeur ne peut venir d'une augmentation de la productivité du travail, car un même travail ne produit jamais qu'une même valeur, soit tant d'heures de travail. L'augmentation ne peut venir non plus de la transformation des matières premières ou auxiliaires et de l'usure des organes mécaniques, car matières et machines n'ont qu'un rôle passif et se bornent à transmettre, en tout ou en partie, la valeur qu'elles possèdent, soit tant d'heures de travail matérialisées en elles lors de leur propre production. Reste la transformation des subsistances : la valeur matérialisée dans celles-ci peut être d'un certain nombre d'heures de travail, tandis que le travail producteur qui les consomme sera d'un autre nombre d'heures de travail, nombre plus grand précisément du montant de la plus-value ; le travailleur consomme, par exemple, le produit de six heures pour travailler pendant douze. C'est de cette façon qu'il peut y avoir *plus de travail*, donc plus de valeur, dans la résultante que dans les composantes.

La plus-value proviendrait donc de ce que les travailleurs, par suite de circonstances particulières au mode de production, seraient amenés à se contenter de subsistances inférieures à la valeur de leur travail ; elle aurait pour origine une réduction du salaire de subsistance des travailleurs au-dessous de ce qu'il devrait être.

La plus-value nous est donnée comme un phénomène *négatif et anormal*, en dépendance du seul élément de variation qui consiste dans la transformation des subsistances en produits, par le travail.

Telle est l'explication fournie par la théorie socialiste de la *valeur-travail.*

Mais la théorie de la *valeur-utilité sociale* que nous avons développée suivant l'analyse expérimentale et rationnelle des faits, comporte d'autres explications de la plus-value. Si la richesse résultante a plus de valeur que les composantes, c'est qu'il y a *plus d'utilité* dans cette résultante que dans les composantes, et ceci peut venir d'un progrès réel de la production, sans aucune spoliation des travailleurs.

Ce n'est pas à dire que la théorie marxiste de la plus-value dans la production moderne, soit sans vérité ; nous reviendrons sur ce sujet au paragraphe suivant où il sera traité des rapports du travail avec la valeur et la plus-value. Nous reconnaissons que la plus-value du capital peut avoir, et a trop fréquemment, pour origine une lésion des travailleurs, une réduction de leur subsistance au-dessous de ce qu'elle devrait être. Mais nous disons qu'il existe aussi fort bien une plus-value, phénomène *positif et normal*, ayant sa source dans un progrès, dans une augmentation de l'utilité générale de la production.

Les moyens de production peuvent donner lieu à une plus grande production. Un même travail peut produire davantage. Les conditions de ces progrès étant réalisées, il pourra y avoir, à cause d'eux, dans la richesse résultante *plus d'utilité générale, donc plus de valeur*, que dans les éléments matériels de la production. En d'autres termes, l'union du capital et du travail, dans des conditions meilleures, si féconde en *plus d'utilité*, n'est pas stérile en *plus de valeur*.

Si l'on examine le rôle des trois sortes de moyens matériels de la production, on trouve que le progrès et la plus-value obtenus par le travail peuvent se rattacher à chacun d'eux. L'emploi de matières premières ou auxiliaires nouvelles, telles que des engrais, des semences, fera qu'un même travail accroîtra son effet productif et créera beaucoup plus de valeur. De même l'emploi de meilleurs instruments, de machines nouvelles, multipliera la puissance productive du travail, et la plus-value causée dépassera énormément, au moins pendant un certain temps, l'usure des organes mécaniques. De même l'emploi d'un supplément de subsistances développant les forces des travailleurs, pourra amener une plus-value dépassant la dépense. Envisagée de la sorte, la plus-value est très loin de se trouver exclusivement en dépendance du seul élément appelé par Marx « *capital variable* » et composé de la subsistance des travailleurs.

Une observation contribuera à marquer la différence entre les deux théories. Celle que nous développons comporte l'idée d'un enrichissement général de la société, d'une plus-value d'ensemble de la production sociale par rapport aux périodes précédentes. Au contraire, cette idée est frappée d'impossibilité dans la théorie socialiste : la production sociale, en effet, qu'elle soit petite ou grande en qualité et quantité, a toujours même valeur, d'après les principes de Marx, du moment que le nombre d'heures de travail ne varie pas. Tandis que notre théorie, d'accord avec la vraisemblance des faits, expose que le progrès social de la production a une traduction en plus-value, l'autre théorie est conduite à soutenir la thèse paradoxale que le progrès ne peut aucunement avoir cet effet.

C. — La réalisation de la plus-value dans la production, telle que nous venons de la montrer, s'opère à des conditions qu'il importe de noter. Il se fait un certain déplacement de la richesse et du travail, un changement de leurs combinaisons précédentes, un nouvel arrangement dans lequel la richesse considérée a plus d'usage productif et le travail produit plus que dans l'ancien état économique.

C'est ici qu'on peut commencer à fixer la notion du *capital*.

Le mot s'applique sans doute aux moyens de production en général, mais sa notion implique qu'il s'agit de *moyens de production employés de façon à donner lieu à plus-value*.

Or, pour que cette notion du capital prenne corps dans la réalité, deux conditions sont nécessaires.

D'abord, il faut qu'il y ait une préparation spéciale d'un fonds de richesses consistant en moyens de production, pour le rendre disponible en vue du nouvel arrangement progressif. Cette préparation peut être favorisée par les circonstances, mais elle est aussi une œuvre de prévoyance où l'intelligence et le travail ont leur part, et dont le mot *épargne* ne donne qu'une insuffisante expression.

Ensuite, il faut qu'il y ait un *travail* susceptible de tirer parti de cette richesse disponible et d'y puiser une augmentation de sa puissance productive ; il faut de plus que la rencontre s'opère, que ce travail soit mis en possession et qu'il emploie la richesse de manière à obtenir l'accroissement d'utilité, le progrès de la production d'où naît la plus-value.

Le plus souvent ce travail sera le travail d'autrui. Le plus souvent aussi, celui qui peut le fournir, n'a pas de quoi payer immédiatement l'équivalent du bien qui va devenir capital, c'est-à-dire n'est pas lui-même capitaliste ou ne l'est pas suffisamment. Il faut donc, la plupart du temps, pour que la richesse disponible devienne effectivement capital, qu'elle soit *confiée* à autrui au moyen du contrat de *crédit*, sous l'une de ses différentes formes. On voit, en effet, que dans la pratique et dans le langage, les deux idées de capital et de crédit sont liées ensemble. Le crédit, entendu au sens général de *remise d'un bien contre un engagement*, est la condition juridique du nouvel arrangement progressif de la production, d'où naît la plus-value.

Il est à propos de remarquer que la naissance de la plus-value du capital revêt deux aspects. — Sous un aspect, la plus-value du capital paraît immédiate, existant dès l'instant que se trouve réalisé l'arrangement meilleur qui ouvre à un certain fonds de richesse des usages nouveaux en vue du progrès économique ; l'utilité de cette richesse se trouve accrue, elle devient plus utile et vaut plus, du fait que sont réunies, tant de son côté que de celui du travail, les conditions qui lui font jouer le rôle de capital. En envisageant ainsi les choses, les biens peuvent avoir deux valeurs : outre celle qu'ils ont dans l'échange ordinaire, ils sont susceptibles d'en prendre une autre comme capital, dans un échange de nature spéciale caractérisé par le crédit. — Sous un autre aspect, qui est d'ailleurs l'aspect usuel, la plus-value du capital paraît successive, se réalisant au fur et à mesure de l'emploi des moyens de production, dans chacune de ces périodes de la production où nous avons comparé les éléments transformés ou consommés avec le produit obtenu.

Mais, dans ce cas, les valeurs estimées, avant et après chacune des périodes, sont celles que possède la richesse dans l'échange ordinaire : la valeur du capital et sa plus-value sont considérées à deux instants différents, sans faire intervenir l'idée d'une valeur d'échange spéciale.

Dans les remarques qui précèdent, comme dans tout ce paragraphe, nous ne faisons d'ailleurs rien de plus qu'examiner les conditions et les modes d'existence de la plus-value; nous ne traitons pas la question de son *attribution*, ni celle des droits du travail sur elle, nous y consacrerons plus loin un paragraphe.

D. — Il importe de ramener la notion de la plus-value réelle et positive du capital aux vrais termes de son existence. Cette plus-value n'est pas chose aussi habituelle, aussi grande, aussi permanente et renaissante qu'on est porté à le croire d'après les opinions et les pratiques reçues. Les appréciations erronées proviennent de la confusion de la plus-value véritable dont nous parlons ici, avec les plus-values anormales obtenues par une lésion des travailleurs ou une altération de la valeur rationnelle, dont il sera traité plus loin.

La plus-value normale basée sur un accroissement d'utilité de la production mieux ordonnée, ne naît pas toutes les fois que se combinent les placements où le capital et le travail la recherchent. Cette plus-value naît sans doute de la rencontre du capital et du travail, mais elle ne naît pas toujours. Il y a souvent erreur de prévision, le progrès recherché ne se réalise pas, il n'y a aucune plus-value, ou même il y a moins-value. D'ailleurs toute augmentation de valeur que le travail procure dans la combinaison nouvelle par rapport à la production précédente, n'est pas pour cela plus-value; il faut, en effet, commencer par déduire la part nécessaire pour reconstituer ou amortir le surplus du capital engagé. Puis, si l'on envisage un capital dans les périodes successives de la production où il intervient, il faut tenir compte des pertes ou moins-values qui se balancent avec les gains ou plus-values.

C'est une illusion de se représenter la plus-value réelle du capital comme perpétuelle et sans cesse renaissante. Voyons en effet, et toujours il faut en venir là, comment les choses se passent pour chaque richesse concrète qui fait fonction de capital. S'il s'agit de matières transformées ou consommées dans l'acte de la production, l'existence de la plus-value se termine avec chaque opération. S'il s'agit d'instruments dont l'usure complète n'a lieu qu'après une série plus ou moins considérable d'opérations productives, le phénomène de la plus-value se répartit sur un nombre déterminé de périodes de la production; il n'y a que les fonds de terre avec leurs forces naturelles qui aient une certaine perpétuité. Sans doute, après chaque opération de production achevée avec plus-value, on peut recommencer. Mais ce sont là d'autres opérations bien distinctes, où l'utilité générale, le caractère progressif, la valeur, changent, où le capital peut donner moins de plus-value ou cesser d'en donner. Bien plus, c'est vers ce résultat, vers la disparition de la plus-value, que tend à conduire la répétition des mêmes opérations de production avec un capital de même composition. La multiplication des produits, la satisfaction des besoins du public ou l'épuisement de ses désirs, la décadence des procédés, amènent des changements et des réactions dans la valeur, si bien qu'aux plus-values des premiers temps peuvent succéder des pertes et la ruine. Le progrès économique et la plus-value dont il est l'origine n'ont qu'un temps. Il y a là des tendances économiques naturelles du phénomène de la valeur que nous retrouverons. en essayant d'en interpréter le sens. — On dira que lorsqu'on attache l'idée de permanence à la plus-value du capital, c'est un fonds de richesse que l'on considère, à travers la suite des formes concrètes que l'art de produire et d'échanger peut lui donner pour soutenir sa fonction de capital, agent de progrès et source de plus-value. Mais les chances d'erreur dans les prévisions se multiplient avec le nombre des transformations par où doit passer le capital ; il arrivera toujours une fausse combinaison ou un cas de force majeure qui déjouera les calculs et emportera, outre le profit attendu, tout ou partie du capital. Dans la moyenne des cas, il n'existe pas, loin de là, de fonds de richesse qui puisse durer en procurant périodiquement et indéfiniment une plus-value.

Toute richesse, prise seulement comme valeur, ou, en d'autres termes, comme une certaine somme d'argent, peut être jugée susceptible de former un capital et de donner lieu à plus-value. Mais on ne doit pas séparer cette simple possibilité d'avec les conditions de réalisation que nous venons d'exposer. La sorte de *plus-value de la valeur* que l'on a souvent dans l'idée quand on parle du capital, est chose purement potentielle et très hypothétique : on n'est nullement autorisé à la traiter comme un fait certain et une manifestation essentielle à la valeur. La plus-value sur laquelle il est loisible, d'accord avec les réalités du phénomène, d'appuyer des conventions particulières ou générales, n'est pas nécessaire, considérable et indéfinie, ainsi qu'on se la représente habituellement dans la notion du capital.

§ V.

DES RAPPORTS DU TRAVAIL AVEC LA VALEUR, LA JUSTE-VALEUR ET LA PLUS-VALUE

Encore que le travail ne compose pas la substance de la valeur, comme l'a prétendu Karl Marx, il existe entre le travail et la valeur des relations étroites et très importantes que nous allons essayer d'exposer.

A. — *Relations naturelles entre le travail et la valeur économique.*

Le travail étant cause de la production, il en résulte des

relations économiques naturelles entre le travail et la valeur.

Le travail est cause de la production des choses qui ont de la valeur ; il se trouve ainsi, *indirectement,* cause des valeurs produites, *productif de valeur.*

Il est essentiel d'éviter ici toute confusion. Les biens n'ont pas de la valeur parce que le travail les produit ; mais, au contraire, c'est parce que les biens ont de la valeur, parce qu'ils sont recherchés dans la société et qu'ils y ont une puissance d'échange plus ou moins grande, que le travail s'applique à les produire. La valeur n'est pas faite de travail, mais bien d'utilité sociale, de la façon que nous avons exposée. La notion de la valeur est antérieure et supérieure à celle du travail. La dépense de travail est plutôt un « effet de la valeur », suivant l'expression déjà citée de M. Gide.

La réalisation de la valeur, et de la valeur la plus grande possible, est l'objectif vers lequel le travail est conduit naturellement à se diriger. La valeur et ses variations servent de guide au travail.

Les conséquences de ce jeu des forces économiques sont très remarquables.

L'action directrice de la valeur sur le travail établit l'orientation harmonique naturelle de la production sous le régime de la propriété. Par l'impulsion de l'initiative personnelle et de la concurrence, la production acquiert une tendance à se porter vers ce qui est socialement le plus utile. C'est là ce qui constitue la supériorité économique de ce régime, pourvu que les règles plus hautes qui font la justice de la valeur soient respectées.

Une autre tendance naturelle s'affirme aussi vers un rapport harmonique entre la valeur et le travail : l'une attirant l'autre, les quantités de travail tendent à se proportionner aux quantités de valeur. Nous aurons tout à l'heure à revenir sur ce point dont on aperçoit la liaison avec la question de la plus-value.

B. — *Valeur et juste valeur du travail humain.*

Le travail, entendu comme activité productrice de l'homme, est lui-même objet d'échange. *Il a donc lui-même une valeur.*

La détermination de la valeur du travail humain a une importance capitale dans la société économique contemporaine où l'échange a si fréquemment pour matière le travail et son équivalent sous différentes formes, salaires, traitements, etc...

D'après la science économique classique, la valeur du travail est formée par la somme de subsistances destinée à l'entretien de l'activité dans la machine humaine, elle est déterminée, comme toute autre valeur, par l'offre et la demande sur le marché où les besoins des diverses catégories de co-échangistes sont mis en présence. Karl Marx a adopté ce point de vue, mais en faisant une distinction. La valeur dont il s'agit, dit-il, est celle de la *force de travail*, non celle du *travail*, laquelle n'a pas d'existence propre en dehors des produits ; « Le travail est la substance et la mesure inhé-« rente des valeurs, mais il n'a lui-même aucune valeur» (1). Pareille distinction n'est, en réalité, pour Marx, que le moyen de maintenir sa théorie du travail substance de la valeur, et de la faire cadrer avec l'existence d'une valeur spéciale de l'activité laborieuse de l'homme.

Dans la théorie de la valeur que nous avons développée, ce qui doit ici attirer l'attention, c'est l'application à la valeur du travail humain des principes sur la juste valeur.

Nulle part la doctrine de la juste valeur ne conduit à des conséquences plus graves et plus différentes des thèses de l'économie politique classique.

D'après les principes qui ont été posés, la juste valeur sera donnée par une appréciation sociale de l'utilité du travail humain, en considération du bien commun, de la fin sociale.

---

(1) *Le Capital*, ch. XIX.

Résumons, dans un bref aperçu, trois conséquences particulièrement remarquables de la doctrine exposée sur la juste valeur, quant à son application au travail.

a) Le jugement qui prononce la valeur du travail humain devra tenir compte du *but social* de celui-ci. En effet, le bien commun de la Société, règle supérieure de la juste valeur, exige que le travail procure sa propre fin sociale, à savoir, de faire vivre les hommes. Avant tout, c'est là ce qui fait l'utilité générale du travail. La juste valeur du travail humain, dans les échanges, devra être réglée de façon qu'il puisse atteindre son but consistant dans *l'entretien et le développement de la famille humaine.*

Or, non seulement une semblable considération est étrangère à la valeur fixée, selon l'économie classique, sur un marché où le travailleur est apprécié simplement comme un outil à entretenir, s'il rapporte, et pendant le temps où il rapporte. Mais encore, dans la lutte des offres et des demandes, l'intensité même des besoins de la vie des travailleurs et tous les embarras de leur situation précaire, ont une influence opposée à l'objectif de donner satisfaction, par la rémunération du travail, aux besoins des travailleurs.

b) L'appréciation de la juste valeur du travail doit envisager dans celui-ci la *cause efficiente* de la production. L'utilité sociale du travail dépend, en effet, de sa puissance productive; c'est le travail lui-même avec ses effets qui doit être évalué, et non pas seulement l'entretien de la force des travailleurs. La rémunération générale du travail doit croître avec l'augmentation de ses effets productifs ; la rémunération particulière à chaque travail doit être plus ou moins grande, suivant sa capacité productive, suivant son degré d'utilité sociale.

Dans la détermination de la valeur économique par l'offre et la demande, il est fréquent que le travail arrive à faire compter sa capacité productive et à élever en conséquence sa rémunération. Mais la même cause qui empêche certaines catégories de travailleurs d'obtenir un salaire d'entretien en rapport avec le but du travail, les empêche aussi de faire valoir la puissance productive de leur travail. Cette cause est l'infériorité de leur situation sur le marché du travail : les besoins et nécessités de la vie les pressent d'accepter les conditions offertes ; la faiblesse, l'isolement et l'ignorance leur enlèvent la faculté de défendre leurs droits dans la discussion des offres et des demandes.

c) La justice impose, nous l'avons vu, certaines conditions dans les procédés mêmes qui nous donnent la valeur.

Pour être véritablement social, pour mériter le nom d'estimation commune, *communis et publica æstimatio*, le jugement de la valeur doit être l'œuvre libre et éclairée de la communauté, sans que les intérêts des uns prédominent et étouffent ceux des autres.

Il est donc tout particulièrement nécessaire, en ce qui concerne la valeur du travail, que des institutions sociales viennent préserver et relever les travailleurs de l'état d'infériorité qui altère la liberté et la sagesse du jugement de la valeur économique.

— Faisons, à propos de la valeur du travail, une observation qui va nous servir à examiner les rapports du travail avec le phénomène de la plus-value.

L'idée de la juste valeur du travail est un composé de la double appréciation de la subsistance suffisante à la vie humaine et familiale des travailleurs et de la puissance productive du travail. On conçoit qu'il existe, selon la justice, pour une époque et une société données, et pour telle ou telle branche de la production, un salaire moyen normal qui dépend de l'état général de la civilisation et de l'avancement particulier de chaque industrie.

C. — *Le travail humain et la conception générale de la juste valeur.*

On comprendra mieux maintenant pour quelles raisons et

de quelle façon, nous avons fait entrer la considération du travail humain dans la définition générale de la juste valeur.

a) L'ordre de la valeur du travail, en tant du moins qu'il s'agit d'atteindre le but social de celui-ci, est supérieur à l'ordre de la propriété privée et du libre échange, où se forme la valeur économique. La conception générale de la juste valeur basée sur la finalité, exige que cet ordre de la propriété et des échanges soit, quand il le faut, suffisamment modifié ou dirigé pour que les fins de l'activité laborieuse de l'homme, selon la loi morale, puissent être atteintes.

b) Le véritable objet de la production et de toute l'activité économique, c'est de faire vivre et progresser la famille humaine. Il faut donc mettre en garde le juste jugement de la valeur contre l'idée fausse, devenue si commune dans l'industrie moderne, qui fait envisager le travailleur comme une sorte de machine, instrument de gain pour l'employeur.

c) La juste valeur du travail a des caractères spéciaux ; elle diffère de celle des marchandises. Bien plus, la réalisation de la juste valeur du travail, doit, dans une certaine mesure, servir de règle à la détermination de la juste valeur des marchandises. Il faut arriver à ce qu'il y ait accord entre elles ; la production doit être organisée et gouvernée en ce sens.

d) Le jeu des forces économiques dans le régime de la propriété privée et de la liberté des échanges, a besoin d'être purifié, redressé, éclairé, mais il ne doit nullement être supprimé. Il s'agit seulement d'obtenir ce réglage supérieur des rapports économiques qui rentre, avons-nous dit, dans la conception de la juste valeur. Les directions économiques naturelles du régime de la propriété et des échanges sont, fort souvent, les plus conformes au bien général et de nature à faire prévaloir les droits du travail : il s'agit d'établir ou d'achever l'harmonie en faisant pénétrer dans la conscience publique le respect de la juste valeur du travail, et en constituant des institutions sociales protectrices du travail et directrices de la production. Ceci explique comment nous avons complété la définition de la juste valeur, en parlant d'une *mise en harmonie avec les fonctions du travail humain, cause efficiente de la production.*

D. — *Le phénomène de la plus-value et la juste valeur du travail humain. — Fausse plus-value.*

Nous sommes en mesure de déterminer la condition essentielle pour reconnaître l'existence de la plus-value normale dans les opérations de la production : il faut préalablement que la juste valeur du travail soit respectée. Il ne suffit pas que la valeur du capital engagé soit reconstituée, il faut encore, avant d'accepter pour véritable et juste la manifestation d'une plus-value, que le travail employé soit lui-même reconstitué et payé à sa valeur normale.

Sans doute, par hypothèse, la valeur des subsistances consommées par les travailleurs se trouve reconstituée, puisqu'elle fait partie du capital reproduit avec plus-value. Mais, pour que la plus-value ait le caractère d'un phénomène réel, il faut que la somme de subsistances, allouée comme salaire aux travailleurs, corresponde à la valeur normale du travail : celle-ci appréciée, nous l'avons dit, dans l'état actuel de la civilisation et de l'industrie, suivant les besoins moyens de la vie des travailleurs et la capacité productive particulière du travail considéré. C'est à cette condition que la plus-value répondra véritablement à un progrès de la production et qu'elle aura une existence rationnelle.

A côté de la plus-value véritable, nous avons reconnu qu'il existait un phénomène anormal de plus-value basé sur l'exploitation du travail humain. Le principe empirique qui lui donne naissance se formule ainsi : on peut faire produire autant ou presque autant à un travail donné, en réduisant la rémunération qui l'entretient. Il y a une source de plus-value qui consiste à ne pas donner au travail ce qu'il devrait avoir et à diminuer le plus possible la part de capital affectée à la subsistance de la classe laborieuse. De cette façon, celle-ci consomme pour vivre une quantité restreinte d'utilité, tandis qu'elle en produit une autre plus grande qui profite à l'entretien de la classe capitaliste. On retrouve là, dans une autre théorie de la valeur, le raisonnement de Karl Marx contre la plus-value et sur la nature du *capital variable*; avec cette différence que la plus-value n'est rendue par nous condamnable que si elle est obtenue au préjudice de la juste rémunération des travailleurs, au lieu de provenir des progrès et améliorations de la production.

L'art de faire naître la plus-value aux dépens de l'entretien personnel et familial des travailleurs, et de maintenir ceux-ci dans un état où ils demeurent réduits au strict nécessaire, procède d'un principe anti-humain et anti-social. Ce principe funeste,cette fausse conception de la production, n'en sont pas moins d'une trop commune application.

Il peut paraître surprenant que les travailleurs se laissent exploiter et soient exposés à être ainsi tenus en dehors du progrès, sous le régime de la liberté économique. Il semble, à première vue, que les travailleurs libres ne cèdent aux appels du capital et au mouvement de l'offre et de la demande que pour obtenir une situation meilleure, qu'ils sont à même de poser leurs conditions et de stipuler l'élévation de leur sort. Mais, en raisonnant ainsi, on ne tient pas compte de l'état de prolétariat des classes laborieuses, des réalités de cette situation qui enlèvent le terrain de résistance et illusionnent sur le rôle bienfaisant du capital; on ne tient pas compte non plus des causes toujours renouvelées de la prolétarisation. Une supériorité incontestable de l'œuvre de Karl Marx est la description des causes historiques (1) de cette prolétarisation. Outre son origine dans

(1) *Le capital*, ch. XXVI et suivants.

une série d'expropriations violentes, le mouvement qui a rendu les travailleurs « vendeurs d'eux-mêmes » a revêtu l'apparence d'une libération des liens du servage et de ceux de l'organisation corporative. Puis, sous nos yeux, résultant du progrès matériel lui-même et des transformations de l'industrie et du commerce, les crises destructives de la petite propriété, les crises de chômage et de mises à pied, jettent les prolétaires, sans appui, sur le marché de la force de travail.

A plusieurs reprises, au cours des précédents chapitres, nous avons dénoncé le trafic sur la vie des travailleurs, qui marque la fécondité du capital d'un stigmate homicide. Ce n'est pas trop dire, quand on considère la nature de ces profits réalisés, en tirant parti des embarras de la situation précaire des travailleurs, en opposant au travail du père de famille la concurrence de la femme et de l'enfant, en conspirant par des moyens qu'on n'ose avouer pour disposer d'une classe de travailleurs toujours réduite au strict nécessaire et toujours offrant des bras et des vies sur le marché. Assurément, les travailleurs résistent et sont aidés dans leur défense par des facteurs d'ordre économique et d'ordre moral; le tableau peut n'être pas aussi noir qu'il le paraît sous un certain aspect. Mais les causes et les tendances qui font naître la plus-value du capital de la présence des prolétaires besogneux sur le marché du travail et de la réduction des dépenses d'entretien d'une classe d'hommes vouée au labeur, sont des parties intégrantes de notre régime économique. On doit les rapprocher, comme une explication, de la croyance à la plus-value toujours permanente et renaissante du capital, de la foi à l'intérêt sacré de l'argent.

Si l'on veut purifier la notion de la plus-value du capital dans la production, il faut en exclure la fausse plus-value issue de la pression sur les travailleurs et respecter préalablement les principes du juste traitement du travail. C'est à cette condition qu'on pourra parler avec vérité des droits du capital, ainsi que de son rôle bienfaisant, comme agent du progrès et de l'amélioration du sort de tous.

E. — *Attribution de la plus-value aux causes de la production et spécialement au travail.*

La plus-value étant considérée comme la manifestation d'un accroissement de la production, c'est aux causes de la production que sa réalisation doit être rapportée et que son attribution doit être faite.

Les causes de la production sont le travail et les forces naturelles.

La part qui peut revenir à la propriété des forces naturelles est en dépendance, nous l'avons dit, des règles contingentes qui forment le régime de la propriété constituée selon le bien commun.

L'attribution de la plus value au travail, cause de la production, demande un examen spécial.

Le travail qui agit dans la production de la plus-value est de deux sortes. Il n'y a pas que le travail intervenu dans le dernier acte de cette production. Le travail de formation du capital est certainement cause de l'accroissement de production qui suit son concours avec un travail nouveau. Si l'on se rappelle qu'un bien devient capital par l'acte de prévoyance qui le prépare pour le nouvel arrangement progressif de la production, on voit que le travail antérieurement accompli devient instrument de progrès et cause de plus-value par ce même acte, que ce soit le travail du capitaliste ou un travail acquis d'autrui. L'effet du travail n'est pas limité à la durée du temps où il s'exerce; c'est par l'épargne et les combinaisons qui font le capital, que la puissance du travail est conservée et son effet prolongé, dans une nouvelle opération productive, jusqu'à la plus-value espérée.

A certains égards, le concours du capital et du travail revient au concours de travaux accomplis en deux temps différents. Ce n'est pas du travail mort et du travail vivant, c'est un travail antérieur et un travail nouveau se continuant.

Le capital peut être envisagé comme une forme de travail, travail accumulé par l'épargne et disposé pour augmenter la production. Ceci explique, en dehors même de l'action des forces naturelles, comment le capital composé d'instruments et d'approvisionnements, c'est-à-dire de matières inertes par elles-mêmes, a l'apparence d'une puissance active, ne se bornant pas à transmettre au produit sa valeur, mais susceptible d'y faire ajouter une plus-value.

Si le travail qui emploie le capital et qui puise dans ce concours une augmentation d'effets productifs n'est pas seul cause de la plus-value, il ne faut pas oublier cependant que, d'une façon plus ou moins grande, il est bien cause lui aussi et qu'une part de plus-value doit lui être attribuée. C'est ainsi que le simple travail salarié est appelé à participer aux manifestations du progrès et que sa valeur normale moyenne doit s'élever.

F. — *De l'harmonie économique entre la dépense de travail et la valeur.*

Sous le régime de la liberté de la propriété et des échanges, la valeur, avons-nous dit, exerce une action directrice sur le travail. Celui-ci est attiré par la valeur, il se porte en abondance vers la production de valeur la plus grande possible.

Il en résulte, d'une part, que là où il y a beaucoup de valeur, là aussi, il y a bientôt beaucoup de travail dépensé ; la valeur plus grande doit se répartir sur une quantité croissante de travail, il y a une force économique qui hausse le travail vers la valeur. Il en résulte, d'autre part, que l'opération productive qui attire le travail, à mesure qu'elle devient plus commune, est moins féconde en valeur : il y a une autre force économique qui abaisse la valeur vers le travail. Sous l'action réunie de ces deux forces, le degré de valeur et le degré de travail tendent à se rapprocher. Il existe un courant économique vers un état où une même quantité de valeur correspondrait à une même quantité de travail ; il y a une affinité secrète entre l'utilité sociale qui compte dans la valeur d'échange et la dépense de travail humain.

Smith et les économistes ont aperçu cette correspondance harmonique entre la valeur et le travail ; ils en ont tiré des conclusions exagérées quant à l'harmonie naturelle de la liberté économique, conclusions profondément faussées, dans les rapports des hommes entre eux, par l'oubli des lois particulières de la juste valeur du travail humain. Cette même correspondance a servi à Karl Marx à échaffauder le système socialiste qui transpose et dénature la substance de la valeur. En outre, l'application de ce système bannit les réalités économiques, il détruit les mouvements de la valeur à travers lesquels se manifestent le progrès de la production et les tendances d'harmonie économique. A vrai dire, la corrélation entre la valeur et le travail peut servir rationnellement à combiner des systèmes, non essentiels et nécessaires, mais conventionnels pour mesurer la valeur. Nous aurons à les examiner en parlant de la mesure de la valeur ; le danger à redouter est de porter atteinte au principe légitime de la propriété privée et à l'action directrice naturelle de la valeur sur le travail.

A propos des relations de la valeur et du travail, nous devons insister sur le caractère transitoire du phénomène de la plus-value. La plus-value véritable basée sur le progrès de la production n'a qu'un temps, qu'une durée limitée. En effet, à mesure que la production se développe, les produits, supports de la plus-value, tendent à baisser en valeur d'échange, sinon en valeur d'usage, Puis, la valeur normale du travail, si celui-ci est traité avec justice, doit s'élever ; son utilité sociale grandit. Si de nouveaux capitaux et d'incessants progrès n'intervenaient, et si l'on ne comptait l'action constante des forces naturelles, l'utilité sociale du travail, sa valeur, se mettrait en équation, avec celle de la richesse issue de son activité appliquée aux moyens de production. En d'autres termes, le travail doit, au bout d'un certain temps, être libéré vis-à-vis du capital; celui-ci a été payé de son aide.

Outre qu'elle contient une part de vérité sur la corrélation naturelle entre la valeur et le travail, la théorie de Karl Marx constitue une méthode critique de l'harmonie économique et du traitement du travail, sous le régime capitaliste. Sa distinction du *capital constant* et du *capital variable* répond à une juste conception de la naissance de la valeur dans la production. La valeur véritablement détruite est celle des subsistances diverses consommées pour l'entretien et le développement de la vie humaine, but final de la production (1). Quant à la valeur des matières et instruments auxiliaires de la production, elle est simplement transformée, elle se conserve dans la production; Marx l'appelle *capital constant*. La valeur véritablement engendrée dans l'acte de la production est donc celle du produit, déduction faite de celle du capital constant. Cette valeur se divise en deux parties : valeur payée au travail employé et plus-value. Pour Marx, pareille division ne peut résulter que d'une spoliation du travail cause et substance de la valeur. Il n'en est pas ainsi pour nous qui voyons dans la production de la valeur d'autres causes que le seul travail metteur en œuvre du capital. Marx continue en établissant la comparaison de la plus-value avec la valeur dite de la force de travail, sous la forme d'un rapport entre les heures de travail employées pour le service des capitalistes et les heures de travail employées par les travailleurs pour eux-mêmes. C'est là, en effet, une façon d'apprécier le sort relatif de la classe laborieuse, au milieu des changements et accroissements de la richesse générale. Comme nous l'avons déjà fait observer, il serait

(1) Voir *Liberatore*, *Principes d'économie politique*, 2e partie, ch. I, art. I.

contraire à l'harmonie sociale que le progrès matériel conduisît une partie de l'humanité à employer son temps, d'une manière continue, de moins en moins pour elle, de plus en plus pour autrui. Sans même examiner les conditions défavorables de la vente de la force de travail dans le régime capitaliste, la perpétuelle rémunération d'un capital constamment grossissant est une conception dont l'accord avec l'harmonie sociale est au moins supect.

§ VI.

DE LA JUSTICE DE LA PLUS-VALUE DU CAPITAL.

A. — *Conditions de justice de la plus-value. Deux sortes de plus-value injuste du capital.*

La justice du phénomène de la plus-value du capital dépend de deux conditions :

Il faut que les principes généraux de la juste-valeur soient observés ; c'est à-dire, que la détermination de la valeur, dans les circonstances où naît la plus-value, reste vraiment sociale et ordonnée au bien commun.

Il faut que les principes particuliers sur la juste valeur du travail humain soient également observés, comme il vient d'être exposé au paragraphe précédent.

Il y a donc deux sortes de plus-value injuste du capital, deux violations possibles de la justice.

L'une a lieu dans la production. Elle consiste à abuser du travail humain, à ne pas lui donner la rémunération conforme à la justice et à s'enrichir à ses dépens. Pour que la naissance de la plus-value du capital soit exempte de cette injustice, le traitement du travail à sa juste valeur doit être au préalable reconnu et garanti. Il est nécessaire avant tout que le but social du travail humain, à savoir, l'entretien et le développement de la famille humaine, soit mis au-dessus du jeu des offres et des demandes et de la lutte des intérêts ;

il est nécessaire que les causes d'infériorité des prolétaires sur le marché du travail soient contrebalancées. Un minimum d'assurance et de protection s'impose absolument. Il appartient aux institutions sociales et à l'organisation professionnelle de rendre aussi complète que possible la mise en pratique des principes de suffisance du salaire, de libre et sage estimation du travail ; moyennant quoi la valeur normale du travail se tiendra facilement en correspondance avec l'état de la civilisation et de la prospérité industrielle.

L'autre violation de la justice a lieu surtout dans le commerce. Elle était en dehors du sujet du précédent paragraphe, mais nous avons plus d'une fois parlé de cette grande cause de plus-value injuste et de fausse productivité du capital qui provient de l'altération de la valeur juste et rationnelle par les manœuvres de la spéculation. Il y a toute une méthode pour faire fructifier le capital, dans le commerce et la finance, en faussant l'estimation publique, en la détournant du bien commun, en faisant varier les cours suivant l'intérêt personnel, en constituant des accaparements et des monopoles privés. Ces spéculations abusives n'opèrent pas seulement un déplacement injustifié de richesse, elles occasionnent des ruines et des crises préjudiciables au bien général, très funestes au travail ; elles impriment de fausses directions à la production, elles amènent une surproduction vraie ou artificielle et des fermetures de débouchés qui empêchent le travail de faire ressortir sa propre valeur. Il n'est pas moins nécessaire de purifier la plus-value du capital de cette autre cause d'injustice : c'est affaire sans doute aux lois répressives, mais plus encore aux institutions sociales et à l'organisation professionnelle.

B. — *Caractères de la juste plus-value du capital.*

Étant admis que la plus-value n'a pour origine aucune spéculation abusive, étant admis que le travail est traité avec justice, qu'il est payé à sa valeur normale et qu'il participe même, suivant l'importance de son concours, au profit obtenu, il est certain que l'accroissement de valeur forme la juste plus-value du capital. Cet accroissement doit, en vertu du principe de la propriété et comme un avantage de la chose légitimement appropriée, revenir au propriétaire des moyens de production dont l'emploi a procuré la plus-value ; à la condition d'ailleurs, comme le veut très logiquement la doctrine traditionnelle, que le droit de propriété soit effectivement conservé par qui en revendique le profit.

Il est à propos de rectifier, en quelques points, les idées courantes sur les caractères de l'accroissement du capital.

a. — Le droit à la plus-value est, sans doute, basé sur la propriété des moyens de production, mais ce n'est pas à dire qu'il soit attribuable à la matière inerte de ceux-ci.

Les causes de l'accroissement sont les puissances productives qui ont pour siège les choses appropriées et profitent aux propriétaires à qui elles appartiennent.

Il y a d'abord les forces et utilités naturelles dont les avantages gratuits rentrent dans le droit d'appropriation, suivant le régime positif de la propriété et sous réserve des droits supérieurs du travail humain à procurer sa fin.

Il y a ensuite le travail dont la puissance est conservée dans les moyens de production, dont l'effet est prolongé et agrandi par l'épargne. L'accumulation du travail, sa mise en réserve et sa disposition pour le progrès de la production sont l'œuvre de la prévoyance et des soins du propriétaire épargniste, il est rationnel qu'elles lui profitent, à lui ou ses ayants-cause.

b. — Les contrats d'où le capitaliste retire légitimement un accroissement renferment, il est vrai, une clause de crédit, un terme de paiement ou de règlement. Mais ce terme n'est pas la cause de la plus-value du capital, celle-ci ne vient pas du prétendu droit à faire payer plus cher à terme qu'au comptant, à majorer la valeur des richesses cédées à autrui *ob dilatam solutionem.*

Le crédit, la remise des moyens de production sans paiement, pendant un certain temps, est une condition de la plus-value, il n'en est pas la cause. Il est nécessaire que les propriétaires donnent aux travailleurs le temps d'achever l'opération de production, c'est la fonction de l'épargne ; mais la source de la plus-value est dans l'action des causes de la production, non dans les délais du crédit. Le droit du capitaliste à la plus-value ne vient pas du terme qu'il accorde et de l'attente qu'il supporte, il vient du droit de propriété qui le fait profiter de certaines causes de la production dont sa chose est le siège et dont la puissance est à sa disposition.

Pour bénéficier d'une opération de production, le propriétaire doit y conserver un certain rôle personnel, par l'apport et le maintien de son épargne sous la responsabilité que comporte le droit de propriété.

c. — Répétons que la juste plus-value du capital, telle que nous l'avons décrite, n'est pas perpétuelle et renaissante, ainsi que la représente l'opinion commune.

La valeur supplémentaire qui accroît une somme donnée de richesse employée comme capital, c'est-à-dire sous un mode progressif de la production, est une quantité qui a ses limites.

Non seulement, selon la raison, la plus-utilité acquise par le capital et la récompense de l'acte d'épargne, doivent consister en une certaine plus-value et non en une plus-value perpétuelle ; mais encore le mouvement naturel de la valeur économique, nous l'avons montré, va précisément dans ce sens. Et même, sous le régime dominé par la doctrine de l'intérêt du capital, si les travailleurs sont rémunérés et traités équitablement, les combinaisons d'amortissement et l'accession à la propriété qui leur sont ouvertes montrent qu'au bout d'un certain temps les travailleurs sont libérés de la rémunération du capital, n'ayant payé, en sus de la valeur primitive des moyens de production, qu'une plus-value déterminée (1). On peut admettre la plus-value du capital sans tomber sous la critique socialiste ainsi formulée par M. Jules Guesde (2) : « Le travail passé, « pour ceux qui ont économisé, est, à notre avis, aussi « légitime que le travail vivant ; mais il ne peut pas avoir « cependant la prétention de dire à ce dernier : *tu vas « m'entretenir à perpétuité* ». Ce n'est pas avoir cette prétention abusive, que d'attribuer au capital une plus value temporaire, récompense de l'épargne et du progrès économique, ne renaissant qu'avec de nouvelles épargnes et de nouveaux progrès.

A dire vrai, il y a une exception à faire pour la rente foncière des forces naturelles qui, sans blesser la justice, a un caractère perpétuel. Mais, c'est moins là une plus-value du capital qu'un revenu correspondant à une certaine part gratuite et permanente d'utilité ; nous avons noté plusieurs fois la grande connexité de ce revenu et de son mode d'existence avec les formes de l'organisation sociale. Puis, il faut remarquer que les fonds de terre, siège par excellence des forces naturelles, se distinguent des autres capitaux, en ce qu'ils ne périssent jamais dans les opérations de la production et qu'ils ont un rôle perpétuel dans la marche et les progrès de cette dernière. Le revenu des fonds de terre a d'ailleurs un caractère mixte : à mesure que se développent l'épargne et le progrès économique, il suit de plus en plus les lois de la plus-value du capital.

d. — Enfin, si les principes de juste appréciation de la plus-value sont respectés, les profits du capital se trouvent ramenés à des proportions bien inférieures à l'idée qu'on s'en fait, d'après les pratiques reçues.

Il faut, en effet, commencer par éliminer tous les profits

---

(1) Voir notre étude sur la *Réforme du crédit foncier*. *Association catholique* du 15 février 1894.

(2) Discours à la Chambre des députés, séance du 25 juin 1896.

provenant des deux causes dénoncées de la fausse productivité du capital, à savoir : de l'exploitation du travail humain et des spéculations condamnables.

De plus, pour calculer la grandeur moyenne des profits du capital, pendant un certain temps, il faut balancer les plus-values avec les moins-values. Dans le calcul réel d'accroissement moyen du capital, il faut déduire la somme correspondant aux risques de moins-value, retrancher la prime d'assurance dont les défenseurs de la légitimité du contrat de prêt à intérêt font un élément du revenu du capital ; ceci à tort, puisque l'assurance doit simplement couvrir la somme principale contre la perte totale ou partielle, dans la suite ou l'ensemble des opérations. La médiocrité relative de l'intérêt des fonds où la garantie de l'Etat réduit les risques à un minimum, montre quelle part revient au compte de l'assurance dans le revenu apparent du capital.

Que si on cherche à rendre admissibles les conventions qui reconnaissent une plus-value moyenne à un fonds de richesse faisant fonction de capital, on voit que, même en supposant les circonstances favorables au progrès de la production, le profit prévu ne saurait être que d'un taux modique.

§ VII.

DES SYSTÈMES DE MESURE DE LA VALEUR DANS LEUR RAPPORT AVEC LA PLUS-VALUE.

Après l'étude de la plus value faite au cours des précédents paragraphes, il reste, pour épuiser les questions posées au début de notre théorie de la valeur, à examiner l'interprétation du phénomène de la plus-value dans les systèmes pratiques de mesure de la valeur et à parler de la représentation de la valeur des richesses par la formule moderne du capital et de l'intérêt.

A. — *Généralités sur la mesure de la valeur*

Mesurer la valeur consiste à donner une expression numérique à la grandeur de la valeur contenue dans les divers biens, objets d'échange. C'est déterminer pratiquement par une dénomination quantitative le pouvoir d'échange de chaque bien.

La mesure de la valeur a un grand intérêt pratique, car l'application des règles de l'échange dépend d'elle. Pour les économistes qui font procéder la valeur uniquement du jeu de l'offre et de la demande, l'importance du sujet se borne aux facilités commerciales. Pour nous qui plaçons le principe de la juste valeur au-dessus de la manifestation des intérêts économiques, l'importance de la mesure de la valeur est surtout d'ordre moral : il s'agit de donner une expression exacte au jugement social de la juste valeur et de faire respecter, dans les relations d'échange, la loi d'équivalence que la liberté humaine peut violer.

Néanmoins, la mesure de la valeur n'étant qu'un mode d'expression, est chose secondaire par rapport au jugement même de la valeur qui demeure l'affaire principale. Ce qui est essentiel à la justice de la valeur, c'est que le jugement de la valeur soit vraiment social et ordonné au bien commun ; la *façon de formuler ce jugement* ne vient qu'ensuite.

La mesure de la valeur intéresse la justice, non-seulement parce qu'elle doit donner à la juste valeur une expression fidèle et appropriée pratiquement aux faits économiques, mais encore parce qu'elle peut devenir un moyen de réagir sur le jugement de la juste valeur pour le fausser, et que ses combinaisons ouvrent trop facilement le champ à des spéculations contraires au bien général.

Pour donner à la grandeur à mesurer une expression numérique, il faut commencer par fixer l'unité de même espèce. La valeur étant faite d'utilité sociale, de la façon qui a été expliquée, on devra faire choix pour unité d'une certaine quantité de cette utilité-valeur. Ce choix d'une unité est nécessairement arbitraire. On peut essayer de déterminer la quantité d'utilité-valeur formant l'unité par des méthodes plus ou moins abstraites permettant de la fixer d'abord idéalement et de la retrouver ensuite dans les choses. On peut procéder plus simplement, en prenant pour unité la quantité d'utilité-valeur quelconque contenue dans un bien dont la nature et la grandeur sont par ailleurs précisées ; c'est par exemple le système des prix en monnaie métallique dont nous allons parler.

Il faut bien noter que les systèmes pratiques de mesure de la valeur n'ont rien d'absolu, ils rentrent dans l'ordre des faits contingents et des conventions sociales variables. Ces systèmes sont modifiables et perfectibles ; on peut chercher les combinaisons qui répondent le mieux aux circonstances et à la complexité des faits, en une matière où la chose à mesurer et l'unité même de mesure sont sujettes à tant de variations.

B. — *Systèmes de mesures basés sur le métal précieux.*

L'usage enraciné fait reposer la mesure de la valeur sur le système des prix exprimés en monnaie métallique. La *valeur* de tous les biens est rapportée à la *valeur* d'un certain poids de métal précieux pris comme unité.

La notion du prix est bien distincte de la notion de la valeur. Le prix résulte en effet de la *comparaison de deux valeurs*, la valeur à mesurer avec la valeur unité de mesure ; la notion de la valeur, dans sa nature essentielle, précède la notion du prix ; celle-ci suppose celle-là.

Le prix en monnaie métallique a même ceci de particulier, qu'étant destiné à mesurer la valeur, il paraît n'en pas faire mention L'unité choisie est une quantité matérielle, *un poids* de métal précieux; les prix ne disent pas autre chose qu'un certain nombre d'unités ainsi qualifiées par le poids. Le dénominateur commun des marchandises dans l'échange n'est que l'expression des quantités matérielles d'une marchandise spéciale, le métal précieux. Ce système de mesure de la valeur a pour point de départ le simple fait que tel bien s'échange contre tel poids de métal précieux. Ce fait a servi à établir, pour les facilités du troc, une méthode de comparaison entre toutes les marchandises : leur pouvoir d'échange est rapporté au poids de métal pris comme étalon monétaire. Le public a bien d'ailleurs la pensée que ces dénominations en poids sont destinées à mesurer la valeur ; dans le langage courant, on dit : tel bien *vaut* tel prix, ce qui indique l'idée générale que ce bien possède tant de fois la *valeur* contenue dans l'unité monétaire.

Il convient de remarquer que la monnaie métallique a deux fonctions principales : elle est un moyen de mesurer la valeur et un instrument d'échange. C'est avec l'argent qu'on donne un nom à la valeur de tous les biens, puis c'est avec l'argent qu'on se procure tous les biens et qu'on les fait passer de mains en mains. Ces deux fonctions intimement unies et nées sans doute ensemble sont cependant parfaitement séparables. Comme nous le voyons se réaliser de plus en plus, les marchandises circulent et s'échangent sans l'intermédiaire de la monnaie métallique, à l'aide de titres en papier ou de simples écritures; la valeur des marchandises continue néanmoins à s'exprimer toujours en métal précieux, tandis que la quantité de métal nécessaire pour appuyer cette fonction et répondre à une possibilité d'échange tend à se borner à l'encaisse des Banques d'émission.

Nous n'avons pas à parler ici des qualités qui, d'après les traités d'Economie politique, rendent le métal précieux apte à fournir la mesure des valeurs. On doit surtout constater que ce métal a en sa faveur des habitudes et des façons de sentir invétérées. Mais aussi, on peut trouver que c'est un procédé fort défectueux de prendre comme valeur type celle de l'or ou de l'argent. La valeur propre du métal précieux, son utilité sociale devenue le terme de comparaison des autres utilités, répond à une conception grossière. L'utilité-valeur de ce métal, que le sage qualifie de vil, provient en grande partie d'appétits aveugles, l'or excite les désirs par une sorte de fétichisme : *auri sacra fames*. Puis la valeur du métal monétaire se trouve prise dans un véritable cercle vicieux ; ce métal est choisi pour monnaie parce qu'il contient beaucoup de valeur et, d'autre part, il contient beaucoup de valeur parce qu'il sert de monnaie. Du moins, l'utilité-valeur du métal précieux a, parmi ses causes principales, les fonctions monétaires elles-mêmes. « Quand une substance est « employée très communément comme monnaie, dit Stanley « Jevons (1), on conçoit que *son utilité finit par dépendre « principalement des services qu'elle rend sous cette forme à la « communauté* ». La valeur propre du métal précieux se trouve ainsi soumise à de nombreuses causes de variation provenant des fonctions monétaires. Tandis que la multiplication moderne des échanges paraît devoir faire enchérir le métal précieux, au contraire le remplacement de ce métal, dans la fonction d'instrument d'échange, par les moyens fiduciaires, déprime sa valeur. On comprend aussi que si la fonction de mesure de la valeur et la force libératoire officielle qui en dérive viennent à être retirées à l'un des métaux monétaires, la valeur de celui-ci s'affaissera par là même, pendant que la valeur du métal qui conserve seul l'usage monétaire s'accroîtra. L'unité de valeur se trouve affectée par les changements dans la masse de numéraire que les sources fiduciaires modernes et les dispositions légales peuvent faire entrer dans la circulation ou en retirer. Ces

(1) *La monnaie et le mécanisme de l'échange*, ch. V n° 1.

changements dans la valeur de l'unité se traduisent en hausses ou baisses des prix, en allégements ou aggravations du poids des dettes, dont le public n'aperçoit pas aisément les origines. Les mouvements propres de la valeur monétaire demanderaient à être régularisés pour le bien commun; ils sont trop souvent livrés par l'organisation moderne à la cupidité de quelques puissances financières.

C. — *De la mesure de la valeur dans les échanges avec crédit.*

Rappelons que nous entendons par *crédit* (de *credere*, *confier*), toute espèce de remise d'un bien à autrui sans paiement pendant un certain temps. Il n'y a pas que les contrats dérivés du prêt à intérêt à se ranger sous ce nom, mais aussi les contrats tels que le louage, l'arrentement, le salariat, la société entre le propriétaire et le travailleur.

a. — Or, lorsqu'il y a ainsi contrat de crédit, au sens général du mot, le système de mesure de la valeur en métal précieux paraît faire ressortir une violation de l'égalité de valeur. On remet à autrui une certaine valeur et on reçoit plus tard une autre valeur, qu'on espère d'ailleurs plus grande. Par exemple, l'une des parties remet une valeur de 100 francs et, au bout du temps écoulé, elle reçoit 100 francs + 5 francs, l'autre partie reçoit 100 francs et rend 100 francs + 5 francs.

Cette apparente violation de l'équivalence contractuelle n'est cependant pas l'indication nécessaire d'une injustice. Nous avons vu que la plus-value en faveur du propriétaire, dans le contrat de crédit, pouvait être une réalité d'accord avec les principes de la juste valeur.

De plus, au point de vue de la valeur économique, l'expression de la valeur des biens, dans l'échange avec crédit, est tout à fait irrationnelle. En effet, si un bien qualifié d'une valeur de 100 francs s'échange contre 105 francs, c'est que sa puissance d'échange, sa valeur, est, non de 100 francs, mais de 105 francs. Comment cette valeur peut-elle sembler être à la fois de 100 francs et de 105 francs?

b. — L'expression irrationnelle de la valeur et l'apparente violation de la justice s'expliquent, si l'on considère que le système de mesure de la valeur en métal précieux a pour base l'échange au comptant et qu'il donne la valeur des biens envisagés seulement à un instant donné.

Lorsqu'il y a crédit, les relation d'échange ne sont plus les mêmes, elles sont modifiées par suite de leur durée ; la valeur des biens est estimée dans une autre hypothèse où intervient le changement de temps.

Il est certain que la considération du temps, ou plutôt celle des changements économiques qui se passent durant un espace de temps, doit compter dans la mesure de la valeur. Sinon, le système de mesure de la valeur n'est pas exact et ne donne pas une vraie équivalence, quand les biens sont envisagés à deux époques différentes et pendant une durée assez longue des relations d'échange.

En effet, il y a d'abord à observer que la valeur des biens et celle du métal précieux subissent des variations au cours du temps, qu'elles ne sont plus les mêmes à deux époques ; si l'on a reçu un bien valant 100 francs à un moment donné et qu'on rende 100 francs à un autre moment, la valeur rendue est plus que probablement différente en réalité de celle reçue, que l'on considère soit la variation de valeur de l'objet remis, soit celle de l'argent. Ensuite, les biens remis à crédit par le propriétaire contractant sont susceptibles de donner légitimement, pendant le contrat et même au moyen du contrat, une plus-value dont l'appréciation de l'égalité entre les valeurs remises et rendues doit tenir compte.

Le système de mesure de la valeur en argent comptant doit donc être modifié, dans les relations du crédit, pour exprimer la réalité de la valeur et la véritable équivalence contractuelle.

c. — Le système de mesure en argent a été en effet modifié, pour le cas de crédit, par la pratique et par la théorie économiques. La modification est simplement fondée sur le fait que les biens s'échangent contre plus d'argent à crédit qu'au comptant. De là est née une deuxième façon d'exprimer la valeur des biens sous la forme, non plus d'une simple somme d'argent, mais d'une somme augmentée des intérêts en raison du temps.

Ce système est bien une façon de traduire la différence de valeur des biens dans l'échange avec crédit. Mais il ajoute ceci, que la différence est toujours interprétée dans le sens d'une plus-value en faveur du donneur de crédit. Le système renferme la proposition absolue suivante : un bien vaut plus cher à crédit qu'au comptant ; proposition énoncée d'une autre façon, presque inverse, par M. Boehm-Bawerk (1) et donnée comme fondement à l'intérêt de l'argent, en ces termes : l'argent présent vaut plus que l'argent futur.

Le système opère une généralisation de l'idée de plus-value dans le crédit et donne au capital moderne son expression : tout bien est évaluable en argent qui prend une plus-value s'il y a contrat de crédit.

Les raisons données à l'appui de cette appréciation de la valeur dans le crédit et de la généralisation de la plus-value du capital peuvent être résumées comme il suit :

α) C'est là un fait résultant naturellement de l'offre et de la demande, règle suprême de la valeur. Il est consacré par le droit de propriété, d'après lequel le propriétaire peut « disposer de son bien à de telles conditions qu'il juge con« venable ».

β) Le capitaliste donneur de crédit subit une gêne, il se prive et court des risques. Suivant le vieux proverbe : « Un tiens vaut mieux que deux tu l'auras », la somme de richesse

---

(1) Dans la Revue d'Economie politique, mars, avril 1889 et dans l'ouvrage *Kapital und Kapitalzins*.

remise présentement a plus de valeur que pareille somme attendue dans l'avenir.

γ) Il y a possibilité et même, dans l'état industriel moderne, probabilité d'obtenir une plus-value, un gain, *lucrum*, pendant la durée du crédit. Cette probabilité de profit est susceptible d'évaluation, elle a une valeur propre qui s'estime à forfait et qui s'ajoute, pour la fin du contrat de crédit, à la valeur remise au début.

d. — Ce système de mesure de la valeur dans les relations du crédit, tel qu'il vient d'être exposé, ne peut être admis en justice, du moins sans de très grands changements.

Nous reconnaissons, il est vrai, que l'expression de la valeur d'échange des biens en argent doit être modifiée pour le cas de l'échange avec crédit et qu'il y a une différence de valeur tenant au crédit ; mais le système contient un faux principe, en ce qu'il accorde toujours une plus-value au capitaliste donneur de crédit.

Les raisons alléguées sont, à des degrés différents, toutes inacceptables.

α) La première raison tirée du fait de la valeur économique d'après l'offre et la demande ne peut nous arrêter. Elle est en opposition avec ce que nous avons dit de la juste valeur. La condition essentielle d'admissibilité d'un système de mesure de la valeur spécial au crédit, c'est que les principes de la juste valeur supérieurs au jeu de l'offre et de la demande y soient respectés. La généralisation de la plus-value du capital, faite comme on la présente, contient précisément les plus-values injustes dont nous avons montré l'origine condamnable dans l'exploitation des besoins des travailleurs et dans les spéculations contraires au bien commun. En vain invoque-t-on le droit de propriété : l'exercice légitime de ce droit ne couvre pas des usages abusifs et spoliateurs d'autrui.

β) Quant aux raisons tirées du risque, de la gêne, de la privation et de l'attente supportés par le capitaliste, il n'en faut pas déduire des conséquences dépassant les prémisses ni généraliser ce qui est exceptionnel.

Le risque n'est pas, dans le contrat de crédit, la cause suffisante d'une véritable plus-value. On observera d'abord qu'il n'y a pas toujours plus de risque à remettre sa chose sous l'une des formes du crédit, qu'à la garder : s'il s'agit d'un bien dont on conserve la propriété, celui-ci sera souvent mieux et plus sûrement aux mains d'autrui ; s'il s'agit de choses fongibles, il y a à tenir compte des risques inverses de perte et de détérioration chez le propriétaire. Lorsque le crédit a pour objet une somme d'argent, et c'est là surtout l'hypothèse visée, on peut admettre qu'il y a, en soi, plus de risque à prêter qu'à garder, à attendre son argent qu'à l'avoir ; mais la conséquence n'a pas d'autre portée que l'établissement d'une simple prime d'assurance couvrant le risque. D'une façon générale le risque du capitaliste, dans le crédit, n'est pas un titre à obtenir au-delà d'une prime d'assurance qui n'est véritablement ni une plus-value, ni un profit, ni un revenu, car le surplus payé équivaut exactement aux pertes qui arrivent dans la suite et l'ensemble des opérations. Il serait puéril d'échafauder sur l'intérêt ainsi compris des calculs de grossissement du capital par les intérêts, puisqu'il est prévu que le capital doit disparaître.

Une fois écarté le risque de perdre, la gêne résultant du crédit est bien diminuée et ne peut donner lieu à compensation que dans des cas exceptionnels, à moins que l'on ne parle de la privation de la possibilité habituelle de gagner avec le capital, ce qui rentre dans la troisième raison que nous examinerons tout à l'heure. Il importe de remarquer d'ailleurs que tous les arguments négatifs vaguement tirés d'une gêne ou d'une privation du capitaliste ne créent qu'une plus-value imaginaire et ne peuvent donner un droit à dépouiller autrui du juste prix de son travail.

Répétons ici que le seul fait de l'attente supportée par le capitaliste, la seule considération du temps dans le crédit, n'est pas une cause de plus-value. On n'a pas le droit de vendre le temps, comme disaient les anciens théologiens.

Le temps n'est que la condition des plus-values qui peuvent être, ou n'être pas, réalisées dans la production.

γ) Restent les raisons tirées de la possibilité et de la probabilité d'obtenir un profit, une plus-value, de l'usage du capital.

Commençons par attirer l'attention sur les conséquences de la généralisation qu'on propose. Elles sont en opposition avec les caractères de la plus-value réelle et juste, tels que nous les avons déterminés. Le système conduit à admettre comme fondés une perpétuité de l'intérêt et des calculs d'intérêt composé qu'on sait faux et absurdes dans la réalité des faits. Il conduit également, en cas de conflit resté possible entre l'intérêt du capital et le juste prix du travail, à faire primer celui-ci par celui-là, à maintenir l'intérêt au détriment des droits des travailleurs, alors que la condition d'existence de la juste plus-value est le paiement préalable du travail à sa juste valeur. Il faudrait, pour devenir admissible, que le système eût une porte ouverte, sinon aux réalités qui savent s'imposer d'elles-mêmes, du moins à la justice.

Il y a confusion et équivoque dans les raisonnements à l'appui de la généralisation de la plus-value du capital.

Si l'on parle du profit que le capitaliste pourrait faire et ne fait pas, en d'autres termes *du lucrum cessans*, ou bien on entend le profit qu'il obtiendrait en employant son capital lui-même et par son propre travail, ou bien on entend le profit qu'il obtiendrait au moyen de quelque contrat de crédit. Dans le premier cas, on ne peut parler de profit facile et probable, car très fréquemment le donneur de crédit n'est pas capable de tirer par lui-même bon parti de sa chose et dans l'état de centralisation industrielle moderne, les épargnistes peuvent de moins en moins employer eux-mêmes leurs capitaux. Dans le second cas, il faut distinguer : si l'on vise le profit retiré du contrat de crédit en général, on fait une pétition de principe, puisqu'il s'agit de démontrer la légitimité d'un pareil profit; si l'on vise le profit obtenu dans certains contrats de crédit où la propriété conservée peut être une source légitime de plus-value, alors on doit prendre pour base de la généralisation la plus-value, telle qu'elle est, c'est-à-dire subordonnée à des réalités qui la rendent aléatoire, subordonnée, avant tout, à l'obligation de traiter et rémunérer le travail avec justice.

Lorsque l'on parle d'ajouter à la valeur remise à crédit l'évaluation de la chance probable de faire un gain, il faut prendre garde à une confusion. Il n'y a pas de raison de majorer ainsi la valeur des biens, si la chance de gain n'est pas spéciale à l'hypothèse du crédit, car cette chance figure déjà dans le prix au comptant. Pour qu'il y ait plus-value modifiant la valeur dans le contrat de crédit, il faut que cette plus-value tienne au crédit lui-même, qu'elle se produise grâce au contrat, qu'elle résulte de la rencontre et de l'union du capital et du travail dans des conditions meilleures et progressives, ainsi que nous l'avons expliqué. C'est, dans ce cas, qu'on peut parler, comme nous l'avons fait, d'une plus-production et d'une plus-utilité, donc d'une plus-value du capital tenant au crédit. Mais, pour que cette valeur plus grande, spéciale au crédit et caractéristique du capital, existe en réalité, il faut qu'il y ait effectivement arrangement meilleur, plus productif, plus rémunérateur aussi pour le travail; on ne peut dire, loin de là, que le contrat de crédit apporte toujours une plus-value ainsi comprise.

Nous reconnaissons qu'à l'époque moderne, et surtout à certains moments, ces arrangements progressifs entre le capital et le travail sont plus communs. Nous accordons, à la rigueur, qu'on peut, dès lors qu'il y a crédit, *présumer* la plus-value devenue ainsi un phénomène presque normal dans le crédit. Encore la présomption est-elle bien près d'être excessive. Il est curieux d'entendre les mêmes économistes se prévaloir en faveur du capital, tantôt de la facilité de placer l'argent avec profit à notre époque, tantôt du sort malheureux du capital engagé dans des entreprises qui souvent périclitent et dont beaucoup travaillent à perte. Ce que l'on montre moins, et qui est très réel cependant, c'est le conflit entre l'intérêt du capital et la juste rémunération du travail : le poids énorme d'intérêts que le capital moderne doit servir donne une explication de tant d'odieux marchandages portant sur la vie des travailleurs.

Pour résumer, disons que le système de mesure qui ajoute à l'expression de la valeur en argent, une majoration en raison du temps, dans le contrat de crédit, ne peut être admis qu'à deux titres : comme assurance de la valeur prêtée au moyen d'une prime qui n'est ni un revenu ni une plus-value réelle, comme *présomption* pouvant être détruite lorsque la réalité et la justice le demandent.

D. — *Système représentatif tenant compte de la plus-value.*

La mesure de la valeur en argent productif d'intérêts peut être envisagée à un point de vue notablement différent ; non plus comme devant donner toujours l'expression exacte de la valeur, mais comme faisant partie d'un système conventionnel de représentation de la valeur des biens, en tenant compte du phénomène réel de la plus-value. Cette conception est plus acceptable, en ce qu'elle se prête mieux à combiner un système d'accord avec la vérité.

Les défenseurs de l'intérêt de l'argent disent, avec raison, que l'argent par lui-même n'est aucunement productif de plus d'argent, mais que l'argent représente tous les biens dont la propriété peut donner des profits et revenus. C'est à titre de représentation des avantages généraux de la propriété qu'on prétend faire passer l'intérêt de l'argent. Mais, s'il en est ainsi, il faut que cette représentation soit exacte et sincère et que le capital, exprimé en fonction de l'argent et de l'intérêt de l'argent, ne soit pas érigé en puissance nouvelle, ayant plus de droits que n'en possède légitimement la propriété.

Nous avons relevé déjà assez longuement l'équivoque cachée sous le rôle représentatif de l'argent productif d'intérêt. La théorie moderne de l'intérêt n'est pas seulement une méthode pour mieux représenter la richesse, elle renferme une fausse doctrine qui fait du capital une puissance essentiellement productrice de plus-value, qui substitue aux vraies causes de la production, une cause fictive : la faculté de se servir de la possession de la richesse pour exploiter le besoin d'autrui, suivant le jeu de l'offre et de la demande.

Mais cette fausse conception du capital n'est pas un vice nécessaire du système destiné à représenter la valeur des biens, avec ses changements et ses plus-values réelles, au cours du temps. Il doit être possible, sans tomber dans l'erreur capitaliste, de retenir l'expression généralisée de la valeur embrassant les relations du crédit, de conserver les avantages incontestables qu'elle offre pour la marche de la production moderne, pour la création de cette foule de titres fiduciaires qui servent à conduire facilement les moyens de production vers les entreprises les plus aptes à les utiliser avantageusement. La forme progressive de l'équivalent universel de la propriété des richesses peut sans doute être maintenue, à titre d'hypothèse conventionnelle, à la condition de compléter parallèlement le système par d'autres règles capables de faire prévaloir, quand il est nécessaire, la réalité et la justice, notamment les droits du travail à sa juste rémunération et à sa libération. Si le système de représentation est suffisamment coordonné et rectifié, le capital ne possédera pas plus de droits que la propriété légitime et il conservera les mêmes devoirs essentiels ; ses fonctions représentatives ne seront pas un prétexte à créer une cause fictive et injuste de plus-value.

Compris de cette façon, la notion moderne du capital ne correspondrait plus à une doctrine économique nouvelle et fausse, mais simplement à une méthode de représentation de la valeur des biens.

E. — *Systèmes de mesure de la valeur basés sur le travail.*

Malgré les graves imperfections signalées dans la mesure de la valeur basée sur le métal précieux, on ne peut guère espérer voir l'humanité revenir de son appréciation passionnée de l'or et de l'argent, on ne peut du moins prévoir le moment où il serait possible de changer complètement le mode si anciennement en usage d'exprimer la valeur des biens. L'examen des systèmes de mesure basés sur le travail humain présente donc un intérêt surtout spéculatif.

Il y a plusieurs manières de concevoir la mesure conventionnelle de la valeur rapportée au travail humain. On peut distinguer deux combinaisons principales : ou bien prendre pour unité de valeur la quantité moyenne d'utilité que le travail humain *consomme* pendant l'unité de temps ; ou bien prendre pour unité de valeur la quantité moyenne d'utilité que le travail humain *produit* pendant l'unité de temps.

Le premier système, s'il pouvait être heureusement combiné, offrirait des avantages théoriques fort appréciables. L'unité de mesure de la valeur serait vraiment une unité d'utilité sociale-type appréciée par rapport au but par excellence de la production, l'entretien de la vie humaine. L'unité représentée pratiquement par des billets consisterait en une certaine quantité de choses utiles correspondant en moyenne à l'entretien suffisant de la journée ou de l'heure de travail. La détermination de l'unité serait analogue au système d'étalon multiple de Lowe et Poulett Scrope (1) ; mais au lieu d'être rapporté à la valeur du métal précieux, cet étalon multiple serait rapporté à la subsistance du travailleur. D'ailleurs, la détermination de l'unité devrait être faite conformé-

(1) V. Stanley Jevons : *La monnaie et le mécanisme de l'échange*, ch. XXV.

ment au principe de la juste valeur du travail, la quantité de choses utiles contenues dans l'unité d'entretien du travail dépendrait de la productivité moyenne de celui-ci dans un état donné de la civilisation. Un pareil système régulariserait le phénomène de la plus-value. L'apparition de la plus-value résulterait des progrès de la production augmentant la quantité d'utilité sociale et donnant plus d'unités reproduites que d'unités consommées. Le caractère transitoire de la plus-value se trouverait aussi confirmé, car la quantité moyenne d'utilité contenue dans l'unité de consommation serait élevée, à raison du progrès général.

Le second système ressemble beaucoup, à première vue, à celui qui est préconisé par la doctrine socialiste. Des bons de travail représentant pratiquement l'unité de valeur donneraient droit à des quantités diverses de marchandises produites en moyenne dans l'unité de temps. Cette unité dépendant du travail règlerait obligatoirement les échanges.

Ce système diffère cependant du véritable collectivisme en ce que la valeur, tout en étant mesurée par le travail, reste composée d'utilité dans sa substance et en ce que la propriété privée des moyens de production peut être maintenue.

La propriété étant conservée, le phénomène de la plus-value existerait aussi. Il y aurait des travailleurs produisant et obtenant plus de valeur les uns que les autres pour un même travail; le progrès de la production engendrerait en faveur de ses promoteurs, une récompense en plus-value.

C'est là le résultat qu'on peut constater dans l'esquisse d'organisation socialiste tracée par M. Jaurès. L'auteur a essayé de maintenir une certaine dose de propriété dans son plan d'organisation : il reconnaît qu'il y aura par là même de petits profits « marginaux », des sortes de primes, des bénéfices rappelant le régime capitaliste (1). Comme le

(1) Jean Jaurès. *Organisation socialiste.* — Chap. IV. *Esquisse provisoire de l'organisation industrielle.* Dans la *Revue Socialiste*, n° d'août 1895, p. 134 et 157.

montre aussi M. Cauwès (1), il pourra se produire des plus-values, résultant de « l'écart entre le coût de production individuelle et le coût de production moyen ».

Il est possible, dans ce système de mesure, d'apercevoir une méthode particulière d'exprimer la plus-value provenant des progrès de la production, obtenus grâce au contrat de crédit. Les unités de travail, une fois le progrès accompli, correspondraient à une somme plus grande d'utilité, à cause du changement de productivité du travail. De cette façon, le donneur de crédit remettrait un nombre d'unités représentant une certaine quantité d'utilité ; et on lui rendrait, au bout du contrat de crédit, un même nombre d'unités représentant une quantité d'utilité plus grande, en raison de la productivité augmentée du travail. Il y aurait, dans le contrat de crédit, égalité stricte en unités de mesure de la valeur et néanmoins plus-value en utilité au profit du donneur de crédit.

Quoi qu'il en soit, les deux systèmes de mesure qui viennent d'être indiqués ne sont pas ce que réclamerait la doctrine socialiste de la valeur. En effet, d'après cette doctrine, le travail ne doit pas fournir seulement une méthode pour mesurer la valeur, toujours appréciée au fond en utilité ; non, le travail est la substance de la valeur. Un même travail en vaut exactement un autre, il n'y a aucune différence de traitement à faire entre eux ; la masse produite doit être partagée dans une proportion rigoureuse avec les heures de travail de chacun, il ne doit y avoir aucune espèce de plus-value. L'application de cette doctrine exige nécessairement la suppression de la propriété des moyens de production, laquelle aboutit toujours à des plus-values et des moins-values individuelles. La direction du travail vers la production des choses utiles et la répartition des produits entre les travailleurs pour la consommation, doivent être l'œuvre des Pouvoirs de l'Etat.

(1) *Précis d'Économie politique*, t. I, n° 511.

Les deux systèmes retracés, et surtout le second, augmentent beaucoup l'intervention économique du Pouvoir, et encourent le reproche de comporter une réglementation légale assez arbitraire, ils ne conduisent cependant pas aux conséquences d'absorption complète par l'Etat du collectivisme, ils ne doivent pas être confondus avec ce dernier.

F. — *Systèmes tenant compte de la valeur du travail.*

Quel que soit le système adopté pour mesurer la valeur des biens, tant dans l'échange au comptant que dans l'échange modifié par le crédit, il faut toujours que la juste valeur du travail humain y soit respectée.

Un ensemble de dispositions doivent être prises, afin que le travail humain, quand il est l'objet d'échanges et de contrats, soit estimé suivant sa juste valeur : dispositions contre les effets et les causes de la prolétarisation des travailleurs, dispositions pour la protection du travail, pour la fixation professionnelle de la durée et des salaires du travail, etc. Ces dispositions forment une sorte de méthode spéciale pour apprécier la valeur du travail, fonctionnant d'une façon indépendante, parallèlement au système général de mesure de la valeur des biens.

En cas de conflit entre la juste valeur du travail et la valeur économique, telle que celle-ci résulte du système adopté pour sa mesure, les dispositions protectrices du travail doivent pouvoir l'emporter, elles doivent être combinées de façon à faire prédominer la juste valeur du travail. Là se trouvera le correctif nécessaire et le principal contre-poids du système de mesure représentatif de la valeur établi d'après la présomption de plus-value dans le contrat de crédit. La sincérité du système exige que la juste valeur du travail humain puisse primer l'intérêt du capital.

La prépondérance de la juste valeur du travail étant prévue et établie, on peut considérer qu'il s'en suit une véritable modification du système pratiqué par ailleurs pour la mesure de la valeur. C'est un système d'un caractère nouveau, où il est tenu compte de la valeur particulière du travail humain.

Tenir compte de la valeur du travail humain, d'après ses fonctions sociales, est un fait économique qui réagit sainement sur tout l'ensemble de l'appréciation de la valeur et de la détermination des prix. Le juste prix de toutes choses, comme l'avait compris la doctrine économique des temps chrétiens et corporatifs, doit être réglé en considération du traitement équitable du travailleur, de son entretien familial, de sa vie morale, de l'indépendance désirable de sa situation. Les progrès de la production obtenus aux dépens de ces biens sont de faux progrès. La poursuite aveugle de l'abaissement du prix de revient conduit à un bon marché néfaste procuré par l'accaparement des bénéfices et par la ruine des fondements de la liberté des producteurs. Une juste appréciation du travail humain éviterait, dans notre régime industriel et commercial, des aberrations aboutissant au servage économique sous la main de quelques monopoleurs.

D'une façon générale, le progrès dans la mesure de la valeur consiste à y faire compter le travail humain, estimé lui-même suivant les principes de sa juste valeur.

§ VIII

LA THÉORIE MODERNE DU CAPITAL ENVISAGÉE COMME UN SYSTÈME DE MESURE DE LA VALEUR

Les développements qui précèdent sur la mesure de la valeur déterminent le terrain où paraît possible la recherche d'un accord entre le capital moderne et la justice.

La théorie moderne du capital peut être envisagée seulement par le côté où elle est un système de mesure de la valeur approprié aux relations d'échange de notre époque, système dont le trait principal est l'expression généralisée de la valeur applicable au contrat de crédit.

Ainsi présentée, la théorie n'est pas injuste et inadmissible *à priori*, car les systèmes de mesure de la valeur sont chose contingente et variable selon les temps, affaire de droit positif.

Mais, pour que le système nouveau de mesure de la valeur puisse être accepté, il faudra le soumettre aux lois supérieures de la juste valeur et éliminer de ses origines, ainsi que de son application, les deux causes de plus-value injuste : l'exploitation du besoin des travailleurs, les spéculations contraires au bien commun.

Vis-à-vis des injustices tenant à l'intérêt de l'argent, la méthode suivie serait inverse de celle de jadis. — La règle ancienne était la défense de stipuler intérêt de l'argent prêté ; mais l'intérêt fut permis, lorsque, dans telles et telles hypothèses, on trouva qu'il n'était pas contraire à la justice ; les exceptions se multiplièrent à ce point qu'elles effacèrent presque la règle. Celle-ci ne subsiste plus maintenant qu'à titre platonique. — La règle nouvelle admettrait l'hypothèse de l'intérêt de l'argent comme présomption générale et moyen de compte, mais, par l'effet d'institutions sociales protectrices, l'intérêt serait réduit ou supprimé dans les contrats lorsqu'il se trouverait contraire à la justice, d'après l'esprit des anciennes défenses. On peut croire que cette méthode aurait, à notre époque, plus d'efficacité contre l'injustice usuraire.

Le dernier chapitre de notre étude sera consacré aux solutions du problème de justice du capital moderne, sur le terrain où il vient d'être posé. La théorie moderne du capital étant envisagée comme un système général de mesure de la valeur, on examinera ce qu'il faudrait faire pour la rendre conforme aux principes essentiels de la juste valeur et aux thèses fondamentales de l'ancienne doctrine concernant l'injustice usuraire.

CHAPITRE VII

D'UN ACCORD ENTRE LE CAPITAL MODERNE ET LA JUSTICE

Nous avons à terminer la série de nos études sur le capital par l'exposé des conditions de l'accord ou concordat cherché entre le capital moderne et la justice. Ce faisant, nous donnerons le résumé et la conclusion des idées principales de tout ce travail.

Nous commencerons par mettre au point le sujet dans un paragraphe de récapitulation sur la notion du capital.

§ I.

LE CAPITAL, SA NOTION. LE CAPITAL MODERNE.

Nous avons noté la confusion qui existe dans les traités d'économie politique quant à la façon de définir le capital. Les auteurs et le public semblent donner à ce mot des significations fort diverses. Il est possible cependant de retrouver les traits communs et les lignes concordantes qui permettent de déterminer la notion du capital.

Cette notion renferme les quatre idées suivantes : celle de moyen de production, celle de moyen de plus-value, celle d'épargne et celle de crédit. En outre, la notion du capital moderne correspond à une autre idée, celle de la représentation de toute richesse par l'argent productif d'intérêts.

Comme il importe, avant d'aborder les solutions de la

question de justice, de bien se rendre compte de ce qu'est le capital et de ce qu'est le capital moderne, nous allons grouper, aussi clairement que possible, dans une analyse méthodique les explications déjà développées au cours des précédents chapitres.

A. — *Capital, moyen de production.*

L'idée de moyen de production est à l'origine de la notion du capital et elle en reste le premier fondement. Beaucoup d'économistes se contentent de définir le capital, en disant simplement qu'il est : cette part de la richesse produite qui est employée comme moyen de la production nouvelle, et qui consiste en instruments et approvisionnements.

L'idée de moyen de production n'est pas, du reste, aussi simple qu'elle paraît au premier abord. La distinction entre les richesses qui sont objet de consommation et celles qui sont moyen de production est plutôt relative qu'absolue, elle dépend du point de vue sous lequel on envisage les divers biens. La consommation des richesses et leur production sont, en effet, constamment entrelacées : c'est en consommant qu'on produit ; l'activité humaine donne naissance à l'utilité nouvelle en détruisant ou transformant l'utilité existante.

Le rôle des richesses considérées comme moyens de production est aussi multiple. On peut ranger en trois parts la richesse employée dans l'acte de la production : l'une, faite de la portion non usée des instruments, *subsiste* sous la même forme ; une autre part, comprenant l'usure des instruments et les matières premières, est *transformée* ; enfin, une troisième part, celle qui consiste dans les aliments de la vie humaine, est véritablement *consommée*, mais cette destruction est suivie d'une reproduction, d'une sorte de création nouvelle de l'utilité, à l'aide du travail. La constatation plus ou moins complète de ces phénomènes a servi de point de départ à la distinction de différentes sortes de capitaux faite par les écoles d'économie politique, notamment à l'importante distinction de Karl Marx en capital constant et capital variable, ce dernier seul véritablement consommé.

En résumé, l'acte de la production de la richesse revêt l'aspect d'une consommation reproductive. L'expression de capital s'applique d'ailleurs à tout l'ensemble des richesses qui servent à l'accomplissement de cet acte. De là vient la méthode suivie pour reconnaître une plus-value du capital, elle consiste à apprécier, avant et après l'acte de la production, la somme de richesse employée par cet acte et celle qui en résulte.

B. — *Capital, moyen de plus-value.*

L'idée seule de moyen de production est tout à fait insuffisante à rendre compte de la notion communément acceptée du capital. Cette notion renferme autre chose, elle est intimement liée à l'idée de profit, de plus-value. Le capital consiste sans doute en moyens de production, mais en moyens de production employés de façon à donner lieu à plus-value, ou du moins susceptibles de procurer cet effet et envisagés comme tels. Le capital exprime la conception d'une puissance fécondante vis-à-vis de la valeur. Nous avons trouvé, chez les anciens docteurs, cette expression liée, dès qu'elle apparait, à l'existence du *lucrum* et même à l'idée d'une sorte de vertu prolifique de la richesse acquise « *seminalis ratio lucrosi* ».

Les diverses écoles sont, en somme, d'accord pour reconnaître la liaison entre l'idée de capital et celle de plus-value. Aussi avons-nous apporté un soin tout particulier à bien étudier et analyser le fait de la plus-value.

Nous ne saurions trop appeler l'attention sur ce sujet, d'où dépend la façon de comprendre le capital et de résoudre la question de justice.

Pour l'école socialiste, le fait de la plus-value est toujours et nécessairement le résultat d'une spoliation des travailleurs ; c'est une part de valeur soustraite au travail. La plus-value n'a qu'une existence purement négative. Le capital n'ajoute rien à la productivité du travail en valeur. Telle est la conséquence de la théorie de la valeur selon le socialisme scientifique.

Nous n'acceptons pas cette manière de présenter la plus-value et de faire du capital un instrument de spoliation. Sans méconnaître que les profits du capital proviennent trop souvent d'un abaissement injuste de la rémunération des travailleurs, nous avons établi qu'il existe, dans l'ordre de la production, un phénomène réel et positif de plus value. Le capital est un moyen de progrès dans la production, de progrès traduit en valeur. Le travail peut, grâce au capital, produire plus de valeur. Le capital n'a pas, à l'égard de la valeur, le rôle inerte auquel le condamne l'école socialiste, contre la vraisemblance des faits.

Il est extrêmement important, pour toute la suite, de retenir cette relation entre la notion du capital et la naissance d'une plus-value nullement injuste de sa nature. Il faut aussi choisir une doctrine et s'y tenir. Si l'on soutient la théorie qui fait du travail humain la seule substance de la valeur, alors on condamne nécessairement comme injuste et antiscientifique le phénomène même de la plus-value; il ne reste, pour sortir de difficulté, que l'explication d'une spoliation donnée par Karl Marx. Il est contradictoire, dans cette opinion, d'aller ensuite admettre la naissance réelle et l'existence positive de profits et bénéfices dans la production, discutant pour savoir à qui cette plus-value doit revenir, en tout ou en partie, selon la justice.

En acceptant la notion du capital comme moyen légitime de plus-value, on ne répond pas à deux autres parties de la question qui subsistent entières : Y a-t-il *toujours* plus-value dans la production *et à qui* doit revenir la plus-value? — Si la plus-value est un objectif qu'on se propose ordinairement dans la mise en œuvre des moyens de production, il s'en faut de beaucoup que ce but soit, dans la réalité, toujours atteint. Nous avons constaté le caractère incertain et transitoire de la plus-value réelle et juste. En même temps, nous avons affirmé les droits de cause à effet que possèdent sur elle les divers facteurs de la production.

Ce qui importe à la justice, ce n'est pas de condamner l'existence de la plus-value, mais d'assurer la légitimité de sa naissance. Tout dépend de la reconnaissance d'une juste valeur du travail humain. Avant d'accepter pour légitime la manifestation d'une plus-value, on doit exiger que le travail employé soit préalablement traité suivant les principes de la juste valeur. Le travail doit être reconstitué et payé à sa juste valeur normale, sinon il n'y a pas de plus-value, pas de profit pour le capital. La valeur du travail, de même que celle du capital employé, doivent être tout d'abord reconstituées dans l'opération productive. La méthode qui fait apprécier la naissance de la plus-value doit être rectifiée, de telle sorte que l'appréciation de la valeur reconstituée porte sur la valeur vraie du travail humain dépensé et non sur celle de la portion de subsistance à laquelle on parvient à réduire l'entretien de la force des travailleurs.

Au surplus, la liaison entre l'idée de capital et celle de plus-value ne doit pas faire oublier que le but essentiel de la production et des moyens de production n'est pas la plus-value, mais bien l'entretien et le développement de la vie humaine. La reconstitution simple à égalité de valeur, par l'opération de la production, des éléments consommés pour l'œuvre de la vie, est déjà un résultat satisfaisant au point de vue du bien général. A ce point de vue, le progrès dans la production ne paraît nécessaire qu'autant qu'il sert le développement de la population et de la civilisation. Le phénomène de la plus-value, le profit revenant au capital et l'espoir qu'il suscite, interviennent comme stimulants et récompenses attachés par l'ordre providentiel à la marche en avant du mouvement économique.

C. — *Capital et épargne.*

Le rôle de l'épargne dans la formation du capital a inspiré les vues théoriques des économistes sur la nature même du capital.

Le capital, disent-ils, est « enfant du travail et de l'épargne ». Il est constitué par les produits du travail que l'épargne met de côté pour devenir moyens de production. Il consiste en travail accumulé par l'épargne en vue de la production nouvelle.

La prétention des économistes est d'arriver à démontrer que le capital n'est, en définitive, que du travail sous une forme spéciale réalisée par l'épargne. Cette prétention est, pour eux, la base d'un raisonnement vicieux consistant à légitimer tous les droits, les plus excessifs et les plus abusifs, que peut s'attribuer le capital, sous prétexte que ce sont toujours les droits du travail. Bastiat et les partisans de l'harmonie naturelle du libéralisme économique s'appuient aussi sur ces considérations pour soutenir que, dans le prélèvement du capital, il n'y a jamais que le travail humain à se faire payer, que la part des forces et utilités naturelles est nulle : « la coopération de la nature est toujours gratuite ».

Dans les idées des économistes sur les rapports de l'épargne et du travail avec la notion du capital, il y a, croyons-nous, à démêler le vrai et le faux.

Nous admettons la connexion entre l'idée de l'épargne et celle du capital, pourvu toutefois que, par épargne, on entende l'acte de prévoyance et d'intelligence dont nous avons parlé, disposant un fonds de richesse pour l'avancement de la production. Ainsi comprise, l'épargne, plus ou moins secondée par des circonstances heureuses, est la condition mise à l'activité humaine pour que les moyens de production soient des instruments de progrès, des moyens de plus-value, réalisant ainsi la conception du capital. L'épargne prépare la naissance de la plus-value.

Nous avons également accepté, dans une mesure, de considérer le capital comme une forme du travail, de voir en lui du travail conservé, accumulé, prolongé par l'épargne.

Mais, si ce rôle de l'épargne et du travail peut donner légitimement au capitaliste certains droits et autoriser son prélèvement d'un profit, il y a sophisme et confusion à en faire la base, pour le capital, de droits sans limites ni règles dans la lutte des offres et des demandes. C'est une prétention vraiment à peine digne de discussion que de vouloir abriter toutes les exigences possibles du capital derrière les titres du travail producteur.

Quant à la gratuité du concours des forces naturelles et à la prétention d'éliminer de la conception de l'épargne et du capital tout ce qui n'est pas exclusivement travail humain, ce sont là des idées théoriques fort peu d'accord avec les faits. L'action de la nature et celle du travail sont constamment associées et restent inséparables dans la formation du capital, ainsi que dans sa mise en œuvre. Bien plus, l'appropriation des forces et utilités naturelles est pour beaucoup dans l'existence de la plus-value, dans les profits et revenus des capitalistes, soit qu'il s'agisse de ce phénomène transitoire de rente qui accompagne la possession de tout bien dont l'utilité fait prime, soit qu'il s'agisse de la rente plus durable de la propriété du sol.

Ce qui est vrai toutefois, c'est qu'il y a lieu de faire une distinction de raison dans la source de la plus value et des droits des capitalistes. Ces derniers ont des fondements juridiques très différents, suivant qu'ils viennent du titre du travail ou du titre de la propriété des forces naturelles.

Pour une part, les droits du capital descendent, par l'épargne, du travail, ils s'imposent à la reconnaissance de la législation positive comme des droits d'auteur de l'activité humaine.

Pour une autre part, les droits du capital viennent de l'appropriation des forces et utilités naturelles. Celles-ci sont avec raison dites gratuites, en ce sens qu'elles sont un don de Dieu, non un produit de notre activité. Aucun homme ne peut revendiquer sur elle un droit d'auteur ; nul non plus n'a à se plaindre si le bien social demande une certaine appropriation de ces avantages naturels. Ici, l'attribution au capital, sous les différentes formes de la plus-value, d'une part d'utilité gratuite, laquelle perd ainsi dans l'échange entre hommes sa gratuité, a pour fondement la bonne organisation sociale ; elle est en dépendance, nous l'avons répété, des règles contingentes qui forment le régime de la propriété constituée selon le bien commun.

D. — *Capital et crédit.*

L'expression de capital éveille l'idée d'un bien qui rapporte par le travail d'autrui. Elle désigne les moyens de production, en tant qu'ils sont susceptibles de procurer une plus-value à leur propriétaire, après qu'ils ont été confiés à l'activité d'autrui, remis à crédit au sens général du mot. Crédit et capital sont deux idées associées.

A vrai dire, la remise à autrui n'est point une condition essentielle à l'existence du capital. Le moyen de production qui procure à son propriétaire une plus-value par le propre travail de celui-ci est un capital, dont l'existence est tout autant opposée à la théorie socialiste de la valeur. Mais, dans le cas le plus ordinaire, le capital formé par l'épargne est remis, pour produire, à l'activité d'autrui. C'est là, en général, comme nous l'avons montré, la condition de l'arrangement progressif de la production, surtout dans l'état industriel moderne. Le crédit vient achever la formation du capital, moyen de progrès et de plus-value.

Le mot crédit, suivant son sens littéral et originaire (de *credere*, confier), exprime la confiance en autrui. Ici, nous l'appliquons en général à tout acte par lequel un propriétaire confie sa chose à autrui, pour la faire produire.

Loin de signifier nécessairement ou principalement le prêt à intérêt et ses dérivés, cette expression conviendrait plutôt à *l'association* du capital et du travail, où nous avons fait voir la forme-type de l'emploi lucratif du capital.

Dans cette forme-type du contrat de crédit, le capitaliste ne se dessaisit pas de son droit de propriété, par là même il garde, avec la responsabilité, une certaine action personnelle dans l'œuvre de la production.

Dès lors que, dans un contrat de crédit, le traitement du travail suivant les principes de sa juste valeur est assuré, le capitaliste qui a conservé un droit de domaine sur les moyens de production peut prétendre à profiter de la plus-value, s'il en est résulté du concours du capital et du travail ; ceci en vertu de la nature du droit de propriété qui s'exerce sur deux causalités : le travail accumulé par l'épargne avec les droits d'auteur transmis aux ayants-cause successifs, les forces et utilités naturelles comprises dans l'appropriation des biens.

E. — *Nature et droits du capital d'après les idées précédentes.*

Au point où nous sommes arrivés, la notion du capital se présente comme il suit :

Le capital comprend tous les moyens de production susceptibles de procurer, par leur emploi, une plus-value. Sa formation se rattache à deux conditions principales : l'épargne et le crédit.

La plus-value qui peut suivre l'application du travail profite légitimement, pour une part, aux propriétaires des moyens de production, en raison de leur droit qui porte sur les causes du progrès réalisé.

Mais, la plus-value n'est nullement un phénomène économique qui se produit toujours et nécessairement dans la production. Son existence est subordonnée à une condition primordiale de justice, à savoir : la reconstitution du travail humain à sa juste valeur, le juste traitement préalable des travailleurs.

Ce phénomène de la plus-value, avec les avantages qu'il comporte pour les capitalistes, nous apparaît fondé à un double point de vue. C'est tout d'abord un stimulant du progrès économique, une récompense de l'acte d'épargne, lequel accumule et dispose le travail pour en prolonger l'effet. C'est ensuite un don gratuit, une rente, provenant de l'appropriation des forces et utilités naturelles, dans la mesure où le demande la nature du droit de propriété constituée selon le bien social.

Jusqu'ici, nous ne trouvons, dans la notion et les droits du capital, rien qui ne soit d'accord avec la justice naturelle, la droite raison et la tradition philosophique chrétienne.

On remarquera que le capital ainsi compris ne désigne pas une puissance douée de productivité propre, mais simplement un mode d'action des causes de la production qui restent au nombre de deux : travail et nature.

F. — *Le Capital moderne.*

Le capital moderne est autre chose que le capital, tel que nous venons de le décrire.

La notion constitutive du capital moderne est celle de l'équivalence entre toute richesse et une somme d'argent portant intérêt. La nouveauté consiste en ce que l'argent productif d'intérêts sert à exprimer toute richesse dans le mouvement des échanges.

L'origine de cette conception est double.

D'une part, il y a l'observation que toute richesse est capable, au moins, par son échangeabilité, d'être transformée en capital donnant une plus-value. De là, la pente vers une généralisation répondant au besoin moderne de facilités plus grandes pour les échanges et le crédit.

D'autre part, il y a une doctrine morale et économique fondée sur le principe de la souveraineté individuelle qui légitime *a priori* l'intérêt de l'argent, qui place le droit dans la libre compétition des intérêts égoïstes et consacre tout phénomène manifesté par l'offre et la demande.

De cette façon s'est formée l'idée abstraite de la valeur grossissant d'elle-même et engendrant normalement une plus-value. Est capital, suivant la notion moderne, toute richesse considérée sous l'aspect d'une somme de valeur ainsi comprise.

Il est facile de voir que cette conception apporte de profonds changements à la nature du capital précédemment exposée.

La production de la plus-value reste la note dominante du capital. Mais la plus-value devient toute différente de celle que nous avons analysée. Tandis que l'existence de celle-ci demande, pour chaque cas particulier, une vérification de sa conformité avec la réalité et la justice, la plus-value nouvelle est admise *toujours et de plein droit*, dès qu'il y a remise d'un bien à crédit, sans prendre égard à la nature des choses et aux droits du travail.

En fait, la plus-value qui entre en scène de la sorte a une source autre que l'action des causes de la production, nature et travail. Elle résulte du rapport de l'offre et de la demande entre les possesseurs du capital et ceux qui le recherchent. Elle est un phénomène du marché. Le capital moderne envisage l'ordre des échanges, en mettant en oubli l'ordre de la production. La spéculation sur les besoins et les désirs d'autrui devient le grand terrain de culture de la plus-value.

Le capital moderne se montre, dès lors, à nous comme une puissance nouvelle, source essentielle de la plus-value et moteur économique universel. Il donne l'illusion d'être « le producteur général et suprême qui fructifie toujours ».

De même que le capital moderne a pris naissance philosophiquement dans un *Droit nouveau*, c'est un droit nouveau qu'il a inauguré quant à la plus-value.

G. — *Position de la question de justice du capital moderne.*

Précisons la question de justice soulevée par le capital moderne.

Ce qui est en question, ce n'est pas la légitimité de la plus value ; ce n'est pas non plus la juste attribution de cette plus-value.

Des principes qui ne sont ni nouveaux, ni douteux, permettent de reconnaître l'existence d'une juste plus-value et d'en attribuer, avec justice, une part importante aux propriétaires des moyens de production.

La question soulevée est celle de l'admissibilité du mode nouveau d'exprimer les richesses par l'argent productif d'intérêts, faisant ainsi de la perception d'une plus-value par le capitaliste la loi de tout crédit.

Les raisons de douter viennent de l'opposition entre l'intérêt de l'argent et la tradition de la philosophie chrétienne, puis de la fausseté des principes de morale individualiste qui ont présidé à la naissance de la théorie nouvelle.

Il est certain tout d'abord que la théorie moderne du capital est absolument inadmissible dans la mesure où l'on fait d'elle un *droit nouveau*, changeant les principes anciens sur la justice de la valeur et de la plus-value.

Cette théorie est non moins inadmissible, si elle se borne, sans prétention doctrinale, à porter la règle conventionnelle que le capitaliste a *toujours* droit à une plus-value dans le contrat de crédit. La plus-value ainsi obtenue sera forcément injuste, en plusieurs cas, et contraire aux limites que la réalité et le droit mettent à la plus-value véritable.

Il en est autrement, si l'on prend la règle de la plus-value dans le contrat de crédit comme *simple moyen de compte* jusqu'à preuve et rectification contraires ; si la notation en capital et intérêts n'est que l'un des éléments d'un système général de mesure de la valeur applicable au cas de crédit, c'est-à dire lorsque l'expression en argent comptant cesse d'être une mesure exacte. Dans cette hypothèse, il faudra instituer, parallèlement à la présomption nouvelle, les moyens de redressement nécessaires pour que les principes soient saufs et que force puisse leur rester, s'il y a conflit. Un changement de forme approprié aux circonstances économiques sera admis, mais de telle sorte qu'il n'y ait rien de changé au fond.

C'est de cette façon que la question de justice du capital moderne nous paraît susceptible d'une solution favorable.

§ II.

BASES D'UN ACCORD ENTRE LE CAPITAL MODERNE ET LA JUSTICE

Rappel des préliminaires

D'après les préliminaires de notre essai d'accord, la marche à suivre consiste à prendre la théorie moderne du capital par le côté où elle est un système de mesure de la valeur.

Rappelons que, dans la mesure de la valeur, il y a une part qui est chose contingente et variable, affaire de conventions et de procédés.

C'est à ce titre que l'expression des richesses en argent productif d'intérêts, avec l'hypothèse de la plus-value normale dans le contrat de crédit, nous paraissent pouvoir être rendues acceptables : non pas comme règle unique et absolue, mais comme présomption et moyen conventionnel de compte formant l'un des éléments d'un système général de mesure de la valeur, lequel comprendra, ainsi qu'il va être expliqué, d'autres règles plus fondamentales.

L'argent comptant est, nous l'avons vu, une expression de la valeur des biens qui correspond très mal aux relations du crédit La seule évaluation de la somme reçue est, dans ce cas, un moyen de compte fort inexact ou imparfait. Si l'on devait s'y tenir pour apprécier l'égalité contractuelle, on entraverait le crédit sous toutes les formes, y compris celle de l'association entre capitaliste et travailleur.

Or, le développement moderne de la production repose sur la facilité des relations du crédit. Pour que les entreprises puissent se fonder et vivre, en mettant à profit les perfectionnements de l'industrie et du c mmerce, il est nécessaire que la remise des moyens de production aux mains des producteurs, avec un délai de paiement ou de règlement plus ou moins long, soit rendue aussi simple et facile que possible. La satisfaction de ce besoin économique moderne est une des raisons qui ont fait imaginer la forme progressive donnée à l'équivalent universel de la propriété des richesses. Le nouveau système de mesure de la valeur tenant compte du délai de crédit, rend commode et rapide la remise des biens aux producteurs ; il permet la création des titres fiduciaires qui sont remis, en contre-partie, aux capitalistes. L'escompte, l'intérêt, l'arrérage, le dividende expriment, suivant la diversité des cas, l'hypothèse commune du grossissement du capital-argent.

Il est possible, croyons nous, de conserver, sans blesser la justice, les combinaisons pratiques et les avantages que comporte le nouveau système de mesure de la valeur, à la condition d'apporter à la théorie moderne du capital les trois modifications essentielles ci-après.

1° — *Changement juridique dans la notion du capital*

On doit commencer par introduire tout un changement juridique dans la façon de concevoir le droit du capitaliste : au lieu d'être un *droit de créance*, ce droit doit avoir la nature du *droit de propriété*, il doit être un droit de domaine *sui generis*, résultat des conventions sociales, droit implicitement retenu par le capitaliste sur les moyens de production.

De cette façon, on enlèvera à la conception moderne du capital ce qu'elle a d'antijuridique et d'irrationnel. On se souvient des fautes de logique relevées dans les arguments sur lesquels on appuie le droit des capitalistes. D'un côté, on allègue les avantages procurés par la mise en œuvre des moyens de production, on dit que ceux-ci sont représentés par le capital ; mais, d'un autre côté, on ne fait pas du capital un droit portant sur les moyens de production. Le capital, tel qu'on l'a juridiquement constitué, n'est qu'un droit de créance sur une certaine somme d'argent : le capitaliste qui invoque la production et réclame les *fructus rei*, n'a aucun *rei dominium* sur ces biens productifs ; il prétend à tort aux profits et avantages de la propriété, en s'affranchissant de toutes les réalités et charges de celle-ci.

Le capital doit donc être compris juridiquement autrement qu'il ne l'est.

La modification dont nous parlons rappelle à l'esprit la différence entre le capital-actions et le capital obligations, dans les grandes entreprises contemporaines. ais, c'est là une analogie capable de faire naître des confusions. D'une part, en effet, la modification juridique de la notion du capital ne doit pas être un changement sans portée réformatrice ; son effet principal consiste à pénétrer le capital de la nature morale et des obligations de la propriété bien comprise. D'autre part, et d'après notre hypothèse même, cette modification n'est pas destinée à faire obstacle aux conventions à forfait d'intérêts fixes, ni aux conventions de préférence entre diverses catégories de bailleurs de fonds, exposés d'une façon différente aux risques, en conservant ou abandonnant la chance d'un profit plus grand.

Le but essentiel de justice est de rétablir dans le capital la notion de la propriété avec ses réalités et ses charges inéluctables, notamment en ce qui regarde le travail employé ; sans que le capitaliste tire une échappatoire de ce que son droit porte sur une somme d'argent, non sur un atelier de travail. Le changement de conception juridique fournira une base à la *responsabilité morale et légale* du capital vis-à-vis du travail. Il replacera la personne du capitaliste et l'origine de son droit à la plus-value dans l'ordre réel de la production, détruisant les illusions spoliatrices de la libre spéculation.

Suivant la conception nouvelle révisée, le droit du capitaliste s'*exprime* par l'estimation en argent d'une certaine somme de richesse, il *porte* en même temps sur la substance productive qui, dans la richesse, est formée à la fois par les forces naturelles appropriées et par le travail épargné. On a ainsi une expression généralisée, une forme représentative de la propriété des moyens de production, séparées de l'individualité et de la possession de ceux-ci. C'est là l'objectif cherché pour la facilité des relations du crédit. Mais, comme le droit du capitaliste demeure juridiquement rattaché aux biens productifs et qu'il est une sorte de haut domaine de propriété, il se trouve circonscrit par les limites mêmes où existent réellement les causes légitimes de profit, il doit être une émanation sincère, non une exagération des avantages de la propriété. Cette conception autorise et appelle toutes mesures, toutes généralisations ou créations juridiques parallèles, destinées à faire en sorte que les réalités de la production et les charges de la propriété puissent au besoin s'imposer au capital moderne. On a à réaliser une réforme inverse de ce qui s'était passé jadis : la notion moderne du capital-argent, avec sa fausse productivité et son droit à l'exploitation des besoins d'autrui, avait dénaturé la notion vraie de la propriété et celle du capital, moyen légitime de plus-value, telle que nous l'avons retracée à l'article précédent ; il faut maintenant que la nature morale de la propriété et du capital, suffisamment comprise et garantie, arrive à réformer la notion du capital exprimé en argent.

Cette expression en argent des droits du capitaliste a son utilité et n'est pas à bannir, mais toujours il restera une certaine somme d'obligations et de risques de la propriété supérieurs à toute convention, protégeant les metteurs en œuvre du capital.

L'existence d'un droit de domaine *sui generis* est la condition qui permet de considérer, en juste logique, la théorie moderne du capital comme un système de mesure de la valeur : c'est parce que le capital est maintenu en liaison avec les biens productifs, parce que aussi la responsabilité des capitalistes demeure toujours engagée dans les actes de la production, que le système peut légitimement tenir compte des plus-values obtenues pendant le délai de production.

2° — *Garantie de la juste valeur du travail*

La fausse notion du capital moderne, avec la productivité supposée de l'argent, a causé une altération profonde du phénomène de la plus-value et des droits du capitaliste. Il faut que la naissance de la plus-value soit ramenée à la vérité et à la justice et que son attribution soit équitablement réglée. Il est absolument nécessaire de redresser ainsi les bases de la généralisation qui peut donner une notion acceptable du capital moderne.

Il résulte des développements précédemment donnés et remis en mémoire dans notre dernier article sur la nature de la plus value du capital, que la condition primordiale pour la justice de la plus-value est l'assurance du juste salaire du travail humain. Il n'y a pas de plus-value dans une opération productive, si le travail n'est pas tout d'abord reconstitué et payé suivant les règles de la juste valeur. La solide organisation de la protection du travail atteignant toutes les manifestations de l'activité productrice est donc le moyen de restaurer la justice à la naissance de la plus-value et de faire cesser la dénaturation que le capital-argent a causée par la spéculation sur les besoins des travailleurs. C'est aussi le moyen, comme nous l'avons indiqué, de rendre aux travailleurs la liberté de discussion des conditions du marché de travail, qui leur permet d'arriver à obtenir une légitime participation à la plus-value elle-même.

La protection du travail est par excellence le terrain de la réforme du capital moderne; elle le tient en échec lorsqu'il menace d'offenser la justice. Une fois sauvegardée la juste valeur du travail, le domaine de la liberté des conventions se trouve agrandi. Cette réserve nécessaire étant suffisamment assurée, les parties acquièrent une grande latitude pour modifier le contrat de crédit par telles ou telles clauses qu'elles jugent à propos.

Il convient de comprendre la portée de cette garantie de la juste valeur du travail. Non seulement, elle doit changer des pratiques trop entrées dans les mœurs, mais elle va directement contre l'idée accréditée suivant laquelle le capital aurait toujours droit à une plus-value dans le contrat de crédit et ne pourrait s'employer dans la production qu'à la condition de gagner. En réalité, pour que le capital apporte son concours aux producteurs, il suffit qu'il y ait chance sérieuse de profit : que cette chance soit aussi assurée que possible par des conventions accessoires au crédit, il n'y aura pas d'inconvénients, pourvu que le droit des travailleurs au juste salaire soit lui-même préalablement assuré.

C'est donc à tort qu'il arrive aux économistes, s'inspirant des idées reçues, de placer l'intérêt du capital parmi les *frais essentiels* de la production (1), ne voyant le profit ou bénéfice qu'une fois l'intérêt payé. Tel que nous le croyons acceptable, l'intérêt n'est que le résultat d'une convention sur les profits; il ne se contre-distingue pas d'avec le profit, est donné par le taux moyen des profits diminué des frais d'une certaine assurance permise.

---

(1) Voir Bourguin. *La mesure de la valeur*. Ch. XIII, § 5.

Dans la façon dont nous envisageons le capital et le travail, on voit que le profit et le salaire font l'objet de deux sortes d'assurance organisée. Mais il peut y avoir, il y aura certainement, des conflits entre les deux assurances. Or, il est essentiel que l'assurance du salaire, au moins dans une limite *minimum*, soit telle qu'elle l'emporte sur l'assurance du profit.

La protection du travail et du salaire doit pouvoir, au besoin, primer les conventions d'intérêt, les annuler en tout ou en partie après épuisement des facultés d'assurance qui leur sont propres : de telle façon que jamais le poids des rentes et intérêts accumulés sur une industrie ne devienne un empêchement ou une dispense d'observer la justice du salaire.

Un système généralisé pour la mesure de la juste valeur du travail, avec la forte organisation de la protection du travail qu'il comporte, forme le pendant, le correctif et le contre poids nécessaire du système généralisé pour la mesure de la valeur et de la plus-value du capital. Comme nous l'avons dit, la prépondérance prévue et établie de la juste valeur du travail modifie si profondément la mesure de la valeur par l'argent productif d'intérêts, qu'il en résulte un système nouveau ayant son caractère propre.

En arrêtant la pression que le capital peut exercer sur les besoins des travailleurs, les mesures de protection rendent sa vérité à l'idée normale suivant laquelle le crédit dans la production établit, entre la capital et le travail, un *concours* avantageux à l'un et à l'autre. Ainsi sera sauvegardé ce qu'il y a de plus essentiel au crédit, sous la forme-type de l'association.

3° — *Maintien des principes supérieurs de justice de la valeur.*

Sous le couvert du système moderne du capital, c'est, nous l'avons répété, un droit économique nouveau qui s'est implanté, érigeant en principe la liberté absolue des spéculations individuelles.

La valeur, suivant le faux droit moderne, dépend du seul jeu des intérêts et des convoitises, elle est uniquement régie par l'offre et la demande. La productivité de l'argent est un phénomène né de cette prétendue liberté économique.

Il est absolument indispensable de rejeter ces faux principes individualistes du système où l'hypothèse du capital productif d'intérêts peut être admise pour la mesure de la valeur.

Les vrais principes sociaux de la juste valeur doivent dominer dans ce système, comme dans tout autre dont les formes variables pourraient être différentes.

Il faudra donc faire en sorte que le jugement fixant la valeur soit vraiment une estimation libre et éclairée de la communauté et qu'il soit rendu en considération du bien commun, de la vraie fin sociale. C'est là affaire dépendant surtout, comme on l'a dit, de la constitution générale de la société et de sa bonne organisation professionnelle.

La juste valeur du travail, dont il vient d'être parlé, est un cas particulier d'application des principes généraux de la juste valeur. Nous en avons traité à part et d'une façon spéciale, à cause de son importance et de la gravité caractéristique de sa violation par la fausse plus-value du capital moderne.

Il est nécessaire, en outre, de purifier le capital moderne d'une autre sorte de plus-value injuste, celle qui provient des manœuvres coupables de la spéculation commerciale ou financière faussant l'estimation commune et la détournant du bien public.

De la sorte, toute plus-value injuste sera éliminée des bases de la généralisation du système moderne du capital. Les conventions reposant sur la possibilité de gagner par l'emploi de l'argent ne pourront faire entrer en compte des gains condamnables. Les méthodes abusives de fructification du capital seront bannies des présomptions et hypothèses tirées de la considération d'un profit moyen du capital.

La valeur, avec ses phases dans la production, les plus-values qui en résultent, la part revenant au capital, son taux moyen, le cours et les limites de l'intérêt du capital seront déterminés par l'estimation commune, en vue du bien social, suivant les bases rationnelles de la juste valeur.

Etant donné que les principes supérieurs de la juste valeur sont maintenus dans le système moderne de mesure de la valeur, suffisamment corrigé et amendé, la loi de justice de l'équivalence contractuelle pourra recevoir son plein effet à l'égard du crédit. L'égalité de valeur, qui n'est point liée à l'expression en argent comptant, sera donnée par les moyens de mesure du système.

— *En résumé,* les conditions de justice qu'une réforme doit imposer au capital moderne pour le rendre acceptable, sont les trois suivantes :

Changer la conception juridique du capital, en lui communiquant ce qu'il y a d'essentiel dans la nature et les obligations de la propriété, suivant la véritable notion de celle-ci.

Eliminer la cause de plus-value injuste qui provient de l'exploitation des besoins des travailleurs, par une forte organisation de la protection du travail, allant jusqu'à primer l'hypothèse de l'intérêt du capital.

Eliminer l'autre cause de plus-value injuste qui provient des spéculations abusives du commerce et de la finance, tant à l'aide de lois répressives que par une bonne organisation professionnelle de la société.

§ III

EXAMEN DE L'ACCORD AVEC LA DOCTRINE CHRÉTIENNE TRADITIONNELLE

A. — *Conformité avec les principes condamnant l'injustice usuraire*

Le système du capital moderne, corrigé comme il vient d'être expliqué, satisfait aux conditions irréductibles que nous avons posées, pour un accord avec la tradition chrétienne. Il serait exempt de l'injustice usuraire.

On se souvient que nous avons ramené à trois principes les raisons d'être des condamnations portées contre l'usure.

a. — Le premier principe exigeant la conservation du domaine de propriété reçoit satisfaction.

D'après le changement juridique du droit du capitaliste, le prêt du capital n'opère pas transmission complète de la propriété, il est fait réserve d'un *dominium sui generis* sur les biens représentés par l'argent. Cette conservation de la propriété n'est d'ailleurs point une vaine fiction, car le capital est maintenu responsable vis-à-vis du travail employé dans la production. Les droits des capitalistes à la plus-value sont subordonnés à des obligations morales et légales qui changent complètement l'idée actuellement reçue du capital.

b. — Le second principe sur l'origine et l'attribution des profits est aussi respecté.

Par les garanties données à la juste valeur du travail et par l'organisation de la protection ouvrière se trouvent écartés les profits qui auraient leur source dans l'exploitation des besoins des travailleurs. Ceux-ci acquièrent la liberté de discuter les conditions du contrat de travail sans être victimes de leur misère ; ils sont mis en situation de stipuler une participation équitable à la plus-value. L'enrichissement aux dépens du travail d'autrui, *ex industria alterius*, est rejeté hors de la notion du capital.

Les seuls titres qui soient acceptés pour la justification des droits du capital sont ceux qui dérivent directement des deux causalités reconnues par la doctrine chrétienne traditionnelle, à savoir : le *travail* disposé par l'épargne pour et progrès de la production, les *forces naturelles* dans la mesure de leur appropriation.

c. — Le troisième principe sur la juste valeur et l'équivalence contractuelle demeure pleinement sauvegardé.

Ramenée aux proportions d'un système de mesure de la valeur, où il est tenu compte du phénomène de la plus value, en ce qu'il a de légitime, la théorie moderne du capital cesse d'être par elle-même contraire aux principes de la juste valeur. La conformité avec ceux-ci est réalisée, dès lors que la détermination de la valeur, au lieu d'être abandonnée au seul jeu des intérêts privés, à l'offre et à la demande, est fixée par une estimation éclairée de la communauté et dirigée vers les fins sociales. Une bonne organisation professionnelle, les mesures de protection du travail, la répression des spéculations contraires au bien commun assureront, dans le système moderne, la justice de la valeur. Par ailleurs, la présomption de plus-value et les procédés de mesure tirés de l'hypothèse de l'intérêt de l'argent céderont devant les règles supérieures du système concernant le travail et la spéculation, toutes les fois qu'ils menacent de porter atteinte à la justice de la plus-value.

Nous avons expliqué que la loi de l'équivalence contractuelle n'implique pas l'égalité en argent comptant entre ce que le capitaliste donne et ce qu'il reçoit. La doctrine traditionnelle a admis, en de nombreux contrats où il y a crédit et œuvre de production, que l'égalité de valeur requise par la justice était satisfaite, alors que les évualations en argent donnaient une plus-value au capitaliste. Le système moderne corrigé ne fait qu'établir des méthodes pour apprécier, dans le contrat général de crédit, l'égalité véritable de valeur sous les apparentes inégalités en argent. Les règles et les diverses combinaisons d'assurance du système observent l'égalité entre capitalistes et travailleurs, en prenant pour base d'attribuer à chacun l'équivalent de ce qu'il apporte au contrat, avec une équitable réciprocité dans la participation aux avantages et aux charges de production.

C'est une fausse interprétation, démentie par les monuments de la doctrine chrétienne traditionnelle, que de prétendre déduire de ses prescriptions sur l'égalité en argent, dans le contrat de *mutuum*, et sur l'usure en général, une théorie de la valeur semblable à celle de Karl Marx. La doctrine traditionnelle prend, il est vrai, la défense du travail contre l'exploitation usuraire, mais elle ne fait pas du travail la substance même de la valeur. Elle condamne le profit, là où la charge de la propriété n'est pas conservée, elle veut que le capitaliste demeure engagé et responsable dans la production dont il profite, mais elle ne dit nullement que le capitaliste ne doit retirer de ses contrats, en sus de la valeur des biens remis à autrui, rien de plus que la récompense du travail personnel qu'il a pu dépenser pendant la durée du crédit. On ne peut tirer cette conséquence que par une confusion inadmissible sur la façon dont la doctrine traditionnelle a compris le rôle du capitaliste.

B. — *Remarques sur l'accord avec les thèses traditionnelles concernant le prêt à intérêt.*

En dehors de la conformité nécessaire avec les principes essentiels résumant la doctrine traditionnelle, il est à propos de faire ressortir l'accord de la théorie réformée du capital moderne avec les thèses anciennes sur l'intérêt de l'argent.

On n'admet nullement la légitimité absolue et de plein

droit du prêt à intérêt. Non seulement des limites et des contre-poids sont opposés à la faculté de stipuler intérêt de l'argent, mais les conventions portant intérêts peuvent même être entièrement suspendues ou annulées par l'effet de règles de droit supérieures. Il n'est pas permis de tirer du prêt d'argent n'importe quel intérêt, ni d'en tirer toujours.

Le prêt d'argent, suivant la forme ancienne du *mutuum*, ne devient pas un titre suffisant à obtenir un intérêt quelconque. Il est reconnu que ce prêt est juridiquement improductif de sa nature, car il transfère la propriété sans conférer au prêteur aucun droit sur les biens productifs. Il est reconnu que la doctrine traditionnelle a eu pleinement raison d'exiger quelque autre titre pour rendre rationnelle la stipulation d'intérêts ; elle a ainsi préservé les revenus et profits de cette pernicieuse productivité de l'argent qui a sa source dans l'exploitation des besoins d'autrui.

Il est aussi reconnu que l'usage de la monnaie doit être gratuit, en tant qu'elle remplit la fonction de mesure de la valeur. C'est un art abusif et condamnable que de se servir de la possession de l'argent pour imposer une altération de la juste valeur, pour profiter des embarras ou de la misère d'autrui. S'il est admis que l'on peut tirer profit de l'argent, « *de pecuniâ lucrari* », c'est à cause de l'autre fonction de la monnaie, moyen d'échange et d'acquisition, par laquelle l'argent représente virtuellement les biens productifs qui sont susceptibles de donner une plus-value avec le concours de l'activité laborieuse.

L'argent n'est pas élevé au rang de puissance productive. On ne reconnait toujours que deux causes de production et de plus value : le travail et les forces naturelles. Ces causes sont agissantes dans les biens appropriés, et la fonction représentative du capital s'exerce à leur égard.

Dans le système moderne corrigé, l'intérêt du capital est rattaché à un contrat complètement différent de l'ancien prêt d'argent ou *mutuum*. Le contrat général de crédit laisse aux capitalistes un droit de domaine, un démembrement de la propriété des biens productifs; il procure le concours du travail et du capital en lui conservant la nature d'une sorte d'association. Il y a analogie avec la conception qui fut imaginée par certains théologiens pour légitimer l'intérêt sous la forme du *trinus contractus*, c'est-à-dire d'un contrat de société, avec deux contrats d'assurance, l'un pour le principal, l'autre pour les profits : mais une faute très grave de cette théorie est réparée, en ce que les mesures nécessaires sont prises pour que le contrat principal ne devienne pas léonin ou ne perde sa nature d'association par l'effet des assurances à l'avantage du capital. La contre-assurance organisée en faveur du travail maintient les obligations de la propriété, elle rétablit la réciprocité de justice, elle empêche que le contrat entre capitalistes et travailleurs ne soit dépouillé du caractère de bienveillance d'un concours mutuel, essentiel à l'association, au témoignage même de la loi Romaine : « *Cum societas jus quodammodo fraternitatis in se habeat* » (1).

La reconnaissance de la juste valeur du travail et l'organisation de la protection des travailleurs contiennent en elles de quoi transformer complètement le crédit moderne. Elles changent la nature et les lois actuellement reçues du profit de l'argent. Si l'intérêt du capital peut subsister, c'est en modifiant profondément ses titres et son caractère, en perdant sa puissance d'épuisement et sa pérennité à l'égard des travailleurs protégés dans leurs droits, capables de jouir des facultés de libération.

C. — *Question de conscience*

Lorsque l'on a présent à l'esprit ce long enseignement traditionnel de la philosophie chrétienne sur l'injustice usu-

---

(1) Digeste. *Pro socio* l. 63.

raire, toujours maintenu et confirmé par les documents les plus considérables et les plus hautes autorités, on est convaincu, comme nous le disions en débutant, qu'une doctrine si grave concernant la richesse et l'argent ne peut, à notre époque moins qu'à toute autre, être réduite à *rien ou presque rien.*

Il faut rendre hommage à la doctrine traditionnelle du service inappréciable qu'elle rend en nous forçant à répudier la néfaste productivité de l'argent dont la source est cette libre exploitation des besoins d'autrui, plaie honteuse de l'économie sociale contemporaine.

Nous nous sommes efforcés de déterminer les principes fondamentaux inspirateurs des anathèmes portés contre l'injustice usuraire, en les dégageant des subtilités auxquelles, trop souvent, elles paraissaient réduites dans les derniers temps.

On doit remonter à ces principes pour sortir des doutes de conscience et de l'incertitude du juste et de l'injuste qui pèsent sur notre état social.

En conformité avec ces principes, nous avons montré quels changements pratiques et efficaces pourraient bannir l'injustice usuraire de notre régime économique. Les voies indiquées ont l'avantage de concorder tant avec les besoins de la production dans ses formes nouvelles qu'avec les aspirations réformatrices sorties de l'excès d'abus du capital moderne.

Certainement, il s'agit de changements considérables et de nature à froisser plus d'un intérêt. Mais comment en serait-il autrement après la mise en oubli des principes de justice économique les plus incontestables de la tradition chrétienne?

C'est un devoir pressant pour les chrétiens de travailler aux réformes contre l'injustice usuraire. Spécialement, ils doivent aider de toutes leurs forces à la restauration de la juste valeur du travail dans les idées, les mœurs, les lois et institutions sociales. La protection du travail est comme la clé de voûte du système réformateur du capital moderne ; elle répond au relèvement de chacun des trois principes : sur les charges de la propriété, sur le traitement équitable du travail, sur la juste valeur en général.

On ne peut bénéficier, en paix avec sa conscience, des facilités, des avantages, des formes de revenu du régime moderne du capital, sans s'associer au mouvement pour la protection du travail, pour la réorganisation professionnelle pour le répression des abus de la spéculation.

§ IV.

ESQUISSE DE L'APPLICATION DE LA RÉFORME ANTI-USURAIRE DU CAPITAL MODERNE.

On peut classer en deux groupes les diverses dispositions de la réforme anti-usuraire à instituer en regard des libertés concédées au capital par le droit moderne. Ces groupes correspondent aux deux principales causes des plus-values injustes dont il faut purifier le capital moderne : l'exploitation du travail, l'altération du jugement de la valeur.

Nous allons esquisser sommairement l'application de ces deux groupes de réformes et leur réaction sur l'intérêt de l'argent.

I. — *Réformes pour la protection du travail.*

a. — *L'équité dans le contrat de travail.*

Tout contrat de crédit portant remise du capital à titre lucratif a pour effet normal de mettre en présence capitalistes et travailleurs ; il contient un contrat de travail ou y aboutit. Le concours du travail est en effet le moyen nécessaire pour mettre en œuvre le capital et retirer de son emploi une plus-value.

Le capital moderne, par cela même qu'il se présente sous l'aspect de l'argent qui doit rapporter intérêt, menace la justice du contrat de travail. L'origine trop fréquente du revenu du capital est prise, avons-nous vu, dans l'exploitation des besoins des travailleurs suivant le jeu des offres et demandes. Il est donc fort important de déterminer les conditions de justice du contrat de travail, de façon qu'elles soient reconnues et sauvegardées par les lois et les mœurs.

Deux choses sont à considérer pour la parfaite justice des conditions du contrat de travail :

La reconstitution de la valeur du travail dépensé ;

La participation à la plus-value obtenue par le concours du capital et du travail.

Il convient de rappeler que la reconstitution de la valeur du travail dépensé est un phénomène régulier de l'ordre de la production, que sa réalisation et son paiement suivant les principes de la juste valeur forment la condition *sine qua non* de la justice des perceptions de plus-value par le capital. D'autre part, on sait que cette juste valeur de reconstitution du travail dépend des besoins de la vie humaine et de la puissance productive de l'activité laborieuse dans l'état moyen de la civilisation et de l'avancement industriel considérés (1).

Quant à la participation à la plus-value, rappelons que le phénomène de la plus-value est, sinon habituel, du moins assez fréquent dans la production ; le progrès dont il est l'expression est un objectif ordinaire du contrat de crédit et de la rencontre entre le capital et le travail. Il n'en est pas moins vrai que l'existence de la plus-value a pour revers

(1) Voir ce qui a été dit de la *valeur normale* du travail. Ch. VI. *Théorie de la valeur*, paragraphe V, B et D, paragraphe VI, A et B, ch. VI.

celle de la moins-value et que le travail doit participer à celle-ci, en d'autres termes aux pertes, si l'opération productive en occasionne.

Ici intervient une convention parfaitement licite à laquelle conduisent les besoins naturels des travailleurs. Ceux-ci s'assurent, dans tous les cas, la valeur de reconstitution de leur travail et ainsi leur suffisant entretien ; ils s'exonèrent de la participation aux pertes en abandonnant, dans la mesure équitable, la participation aux gains. C'est ainsi qu'on pourra voir sans injustice, en plus d'un cas, le capital toucher une plus-value alors que le travail s'en tient à la simple valeur de reconstitution.

Mais on doit noter soigneusement qu'en usant de cette convention, les travailleurs ne perdent pas tout droit de participer à la plus-value ; ils n'ont à céder que la part correspondant à un équitable contrat d'assurance, suivant l'égalité contractuelle. Par l'effet de ces conventions du salariat, le capital aura plus de chances de gain, dans la mesure où il assume plus de chances de pertes, ce qu'il gagne par là doit égaler, à peu près, ce qu'il perd ; il n'y a pas titre à augmentation du revenu d'ensemble du capital. Si donc, comme le supposent les présomptions mêmes du système du capital et de l'intérêt, la plus-value dépasse, en moyenne, de beaucoup la moins-value dans la marche ordinaire de la production, le travail conserve le droit d'en obtenir une part. En d'autres termes, les travailleurs doivent participer au progrès général dont ils sont cause efficiente.

Il reste donc toujours, pour la justice du revenu du capital sous ses diverses formes, qu'il faut, nonobstant les courants contraires de l'offre et de la demande, assurer aux travailleurs deux choses : la valeur de reconstitution de leur travail appréciée selon la justice, puis une certaine participation dans la mesure équitable à la plus-value et au progrès général.

Les moyens de réaliser cette assurance dans les contrats

que passent les travailleurs, dépendent soit de la législation, soit des mœurs et des efforts des intéressés. Trois moyens principaux s'offrent à l'époque présente et appellent notre examen : la protection légale, le patronage, l'association ouvrière.

b. — *Législation et protection légale du travail*

Le rôle de la législation à l'égard du travail est double.

Il lui appartient d'abord de poser les principes de droit public qui doivent régir des sujets tels que : l'interprétation des contrats de travail, l'usage de la liberté des grèves et coalitions, l'organisation professionnelle, etc. On peut voir déjà là matière à tout un code du travail rédigé suivant des idées réformatrices.

La législation peut, en outre, intervenir plus directement en divers cas. C'est ainsi que, pour arrêter l'exploitation moderne du travail humain, il s'introduit peu à peu dans les lois des nations industrielles un ensemble de mesures, obligations civiles et sanctions pénales, formant ce que l'on appelle la protection légale du travail.

Le mouvement a commencé par l'interdiction ou la limitation du travail des enfants et des femmes. L'odieux abus de la vie humaine des êtres les plus faibles a ouvert les yeux sur l'action usuraire du capital moderne porté par sa soif de plus-value à toujours rechercher au rabais la force de travail.

L'établissement de la protection légale du travail se poursuit par d'autres mesures, les unes déjà entrées dans la pratique, les autres en projets qui attirent de plus en plus l'attention publique : limitation de la journée de travail pour les adultes, rédaction des règlements d'atelier, organisation de l'assurance contre les risques et les invalidités du travail, *minimum* de salaire, soit dans les marchés publics, soit dans les contrats privés, etc. ; toutes mesures destinées à réprimer les spéculations sur les nécessités de la vie des travailleurs, à annuler les clauses incompatibles avec la liberté du contrat, à procurer un traitement plus juste du travail humain, à relever enfin sur le marché la valeur de l'activité laborieuse. L'heureux aboutissement de cette intervention légale exige d'ailleurs un développement parallèle de l'organisation professionnelle.

La protection légale du travail soulève les vives protestations des capitalistes et des industriels. C'est bien à tort que l'on conteste ici le droit des Pouvoirs publics. Il est peu de matières où l'action du Pouvoir gardien de la justice soit aussi fondée qu'en celle-ci, alors que se trouvent en jeu la vie des plus faibles, le sort de la plus grande partie de la population. On ne doit pas oublier que la protection légale du travail est un mode moderne d'intervention de la loi contre l'injustice usuraire; elle est dirigée contre la double méconnaissance des devoirs de la propriété et des droits du travail. Les capitalistes ont à se souvenir qu'elle est un commencement de rachat des libertés nouvelles dont ils profitent. L'opposition des industriels se conçoit d'autant moins qu'on les entend se dire, eux mêmes, opposés aux abus qu'on veut réprimer et, de leur propre initiative, partisans des réformes. Les dispositions légales devraient donc alors bien peu leur peser; ils devraient y voir, ce qui est la vérité, un appui souvent indispensable à leur bonne volonté dans les luttes de la concurrence. Au lieu de trahir de secrètes attaches au droit d'exploiter les nécessités d'autrui, ils agiraient plus sagement en secondant une action légale qui devient plus dure en proportion des résistances.

Si la protection légale doit être menée avec résolution et vigueur, il faut aussi reconnaître qu'elle se heurte fréquemment à de sérieuses difficultés et à la complexité des phénomènes économiques. L'intervention comportant la contrainte légale ne doit s'appliquer qu'à un *minimum* indispensable. C'est à d'autres moyens qu'on demandera de faire plus et mieux pour satisfaire aux droits des travailleurs, pour leur obtenir la pleine valeur de reconstitution du travail appréciée selon la justice, pour leur procurer la participation aux plus-values de la production.

c. — *Patronage*

L'accomplissement des devoirs du patronage par les propriétaires et les capitalistes est un premier moyen d'aller au-delà de la contrainte légale, pour satisfaire ce qui est dû au travail. Ces devoirs, il ne faut pas l'oublier, correspondent à une obligation morale stricte, dans la mesure où ils s'appliquent à réaliser pleinement le juste traitement des travailleurs.

Le patronage est l'aide bienveillante due en général par qui a plus reçu de la Providence envers qui a moins reçu, spécialement par les possédants envers ceux dont ils emploient le travail. Le patronage, on ne saurait le méconnaître, est un facteur toujours indispensable du bon ordre économique. La restauration de ces devoirs occupe une place importante parmi les réformes du régime moderne du capital où la richesse, par la prédominance de sa conception, argent, tend à acquérir une sorte d'impersonnalité et d'irresponsabilité.

Si les devoirs du patronage sont de tous les temps, ses formes sont variables. Elles ont pu paraître confondues, sous l'ancienne constitution aristocratique de la société, avec des droits de seigneurie; elles doivent être autres dans les sociétés contemporaines à évolution démocratique. En toute hypothèse, c'est une très fausse idée que de voir dans le patronage des droits institués pour l'intérêt personnel ou pour l'orgueil des employeurs; le patronage consiste au contraire à diriger les entreprises pour le bien commun des travailleurs employés, à prêter appui à leur expansion individuelle bien loin de lui apporter quelque entrave. L'exercice du patronage n'est aucunement en opposition avec l'intervention légale ou l'association ouvrière pour la protection des travailleurs ; ce sont des forces qui doivent coopérer ensemble.

Il est remarquable que, dans notre pays, le tempérament national s'accommode encore moins qu'ailleurs, moins que chez les Américains par exemple, des mœurs individualistes qui rendent employeurs et employés étrangers l'un à l'autre. On comprend chez nous plus d'amour ou plus de haine entre les hommes que les relations sociales mettent en contact. La confiance réciproque et une certaine fraternité d'armes, dans la hiérarchie entre collaborateurs, sont les conditions du meilleur rendement de nos qualités naturelles ; elles sont, sur le terrain industriel comme sur les autres, les gages du succès pour notre pays. Il faut s'attacher avec persévérance à l'œuvre difficile de dissiper les malentendus malfaisants accumulés des deux côtés.

d. — *Association ouvrière*

Les travailleurs ont à leur disposition un moyen très puissant de se protéger eux-mêmes, c'est l'association.

La liberté d'association ouvrière longtemps contestée et aujourd'hui reconnue est un contre-poids nécessaire des libertés nouvelles concédées au capital. Cette liberté ne saurait d'ailleurs dispenser de la protection légale, car elle ne supprime pas d'un coup les nécessités pressantes qui obligent trop souvent les prolétaires, en raison même de leur état de faiblesse, à accepter les conditions inhumaines qui leur sont faites par le capital ; il faut du temps pour que l'association puisse produire ses effets, il faut que les unions ouvrières soient suffisamment organisées et qu'elles aient même pu réunir certains capitaux. En se développant parmi les travailleurs, l'association peut leur donner une protection plus efficace et bien plus complète que l'intervention légale ; elle peut arriver à établir vraiment l'égalité du contrat entre les parties, à proportionner les salaires à la prospérité de l'industrie, ainsi que nous le voyons par les résultats qu'ont obtenus les *Trades-Unions* en Angleterre.

L'agitation révolutionnaire et la perpétuelle menace de grève semblent, au début, les armes ordinaires des associations ouvrières de résistance, mais à mesure qu'elles gagnent en importance, en sérieux, en expérience, leurs membres se rendent compte que la suspension et le bouleversement du travail industriel sont des modes calamiteux de faire valoir leurs droits De là sont nés les Conseils de conciliation et d'arbitrage, les chambres mixtes entre unions ouvrières et patronales. L'association ouvrière devient un facteur d'organisation et de régularisation pour l'industrie moderne.

Outre son aptitude à procurer un équitable traitement des travailleurs, l'association ouvrière, par son intervention dans le régime du travail, répond, à d'autres égards encore, aux vœux de la réforme contre l'injustice usuraire. Elle est d'abord un moyen de relever les prolétaires de l'état d'infériorité qui altère la libre et sage détermination de la valeur du travail : elle est un élément de détermination de cette *æstimatio communis*, de ce jugement émané véritablement de la communauté qui doit fixer la juste valeur du travail, ceci tout particulièrement alors que la constitution politique se recommande de la démocratie. Ensuite lorsque l'association ouvrière sert de point de départ aux institutions permanentes de conciliation et d'arbitrage, aux chambres mixtes, aux conseils d'usine, etc., lorsqu'elle arrive à conférer ainsi une part à tous les travailleurs dans la conduite de l'entreprise commune, elle rapproche du contrat de société qui devrait être la forme-type du concours entre le capital et le travail.

II. — *Réformes pour la justice de la détermination de la valeur*

a. — *Organisation professionnelle*

En tête des réformes du second groupe destinées à assurer la juste détermination de la valeur, se place l'organisation professionnelle.

L'organisation professionnelle est en effet l'instrument indispensable d'une estimation sociale éclairée, capable de déterminer la juste valeur en relation avec le bien commun.

C'est cette organisation qui pourra faire cesser la domination du marché par les intérêts individuels et par les spéculations des plus forts. C'est par elle que le jeu de l'offre et de la demande sera redressé, que des limites seront posées à la concurrence, par elle enfin qu'on obtiendra ce réglage supérieur de la liberté économique en vue des fins de l'activité humaine, dont nous avons parlé à propos de la juste valeur.

La réorganisation professionnelle à notre époque dépend à la fois des Pouvoirs publics et de l'initiative des intéressés. Aux Pouvoirs publics, il appartient de reconnaître l'existence d'organes essentiels à la société et qui subsistent forcément à l'état de corps professionnels, aussi bien que la commune et la province. Ils doivent les rappeler à l'activité et réveiller leur vie, en les faisant intervenir toutes les fois que l'utilité s'en présente ; ainsi d'ailleurs qu'il arrive de plus en plus dans les lois nouvelles et l'administration de la justice concernant le commerce et l'industrie. A l'initiative des intéressés de rendre à cet organisme sa vitalité et l'adaptation aux besoins, par le développement des associations et collectivités professionnelles appropriées à tant de situations diverses.

Nous avons déjà marqué la nécessité de l'organisation professionnelle par rapport à la juste valeur du travail. Quant aux marchandises, il faut, pour la juste détermination de leur valeur, que l'organisation professionnelle, outre son action pour régler la production, s'exerce sur les marchés publics, notamment dans la forme qu'ils revêtent à notre époque de Bourses; soit Bourse du commerce, soit Bourse des valeurs.

Les Bourses devraient être placées sous la dépendance d'une représentation de toutes les professions, commerciales, industrielles, agricoles, de telle sorte que le mouvement des transactions demeure subordonné à l'organisation du travail et que tous les intéressés soient entendus dans les estimations de ces marchés régulateurs, dont la réaction est si grande sur la production et le travail. De cette façon aussi, l'organisation professionnelle aurait sous sa main la réglementation des marchés à terme qui subsisteraient dans la mesure seulement où ils sont réels et utiles, sauf les latitudes nécessaires pour empêcher de plus grands inconvénients ; dans tous les cas, la loyauté des opérations et les intérêts professionnels seraient sauvegardés sur le terrain de la Bourse.

De même encore, il revient à l'organisation professionnelle de soumettre le crédit moderne aux lois supérieures de la juste valeur ; elle doit intervenir dans la distribution du crédit, dans l'estimation des profits du capital, dans la détermination des cours de l'intérêt et de l'escompte. Cette organisation doit pénétrer la Banque de même que la Bourse. Mais le sujet demande quelques développements particuliers.

b. — *Organisation du crédit*

La considération du bien social, directrice dans tout l'ordre de la juste valeur, doit dominer la gestion des Banques distributrices et régulatrices du crédit.

A cet effet, il est nécessaire que la constitution des

grandes Banques centrales tant d'escompte et d'émission que de crédit immobilier présentent certaines garanties. Si elles ne doivent pas être, à proprement parler, des Banques d'Etat, elles ne doivent pas être non plus des institutions livrées aux mains d'un groupe de quelques puissants capitalistes. Le capital et la direction de ces Banques devraient appartenir, sous le contrôle des Pouvoirs publics, aux corps professionnels et aux associations intéressées à la distribution du crédit pour le bien général.

Ce caractère d'institution de bien public doit être d'autant mieux assuré aux Banques centrales régulatrices de l'escompte et de l'émission fiduciaire que leur rôle a une liaison intime avec la mesure de la valeur et la fonction monétaire. Leur action s'étend aux deux termes de la notation en principal et intérêts qui sert à la mesure de la valeur dans le système moderne Elle ne règle pas seulement le cours de l'intérêt, mais encore la valeur du principal même des prix et des créances, par le pouvoir d'émission de la monnaie fiduciaire et par la disposition des masses de la monnaie métallique. Si notre institution centrale de crédit, au lieu d'appartenir à un groupe de banquiers et de rentiers, avait été sous la dépendance d'une représentation des intérêts industriels et agricoles, les mesures adoptées pendant la crise actuelle du bimétallisme n'eussent sans doute pas été celles qui ont aggravé le poids des dettes et entravé le travail national.

— L'organisation professionnelle doit dominer le crédit de façon à pouvoir empêcher les spéculations contraires au bien de la production En outre l'équité demande que l'organisation spéciale du crédit relève les petits producteurs de l'état d'infériorité où ils se trouvent par rapport aux conditions du contrat de crédit rendues plus dures à leur égard. C'est là l'objet des institutions de crédit populaire et des associations mutuelles fondées par les intéressés.

Particulièrement il est à désirer que l'organisation du

crédit mette à la disposition de tous les emprunteurs les facilités d'amortissement et de libération qui modifient le caractère du prêt à intérêt en retournant contre lui-même le phénomène de l'accumulation composée et en rendant les débiteurs toujours capables de profiter de la baisse de l'intérêt. Des institutions de crédit foncier bien comprises sont un moyen de procurer la libération, la conservation, le développement et la diffusion de la propriété. Un de leur but serait de faciliter l'accession à la propriété des prolétaires protégés par ailleurs dans la valeur de leur travail et dans leur faculté d'épargner.

Il est à propos d'utiliser et de perfectionner toutes les facilités du crédit moderne, d'en tirer tout le parti possible pour améliorer les conditions du contrat, lorsque le besoin de crédit est réel. Mais en regard de la commodité d'emprunter et des combinaisons mobilisant la propriété, il y a lieu, avons-nous dit, d'instituer des dispositions servant de correctifs et faisant obstacle aux dangers du crédit, dans un but de conservation sociale. Une des mesures les plus recommandables est l'insaisissabilité du bien de famille. Cette mesure peut d'ailleurs se concilier avec le recours au crédit, même foncier, par l'intermédiaire des associations mutuelles ou des corporations agricoles qui, en cas de déconfiture, exerceraient elles-mêmes un séquestre afin de conserver à la famille son bien (1).

c. — *Mesures répressives*

Après les réformes d'organisation destinées à assurer la juste détermination de la valeur, viennent les mesures directement répressives contre les violations de la justice de la valeur.

---

(1) Sur toute la question du Crédit foncier et de l'amortissement, voir notre étude ayant pour titre *La Réforme du Crédit foncier* dans l'*Association Catholique*, nos. de décembre 1893, février et mars 1894.

Dans cette catégorie se placent les dispositions des lois civiles et pénales pour limiter l'intérêt de l'argent, taux légal et taux *maximum*; dispositions qui imposent toujours un certain frein et sont à maintenir.

Une autre sorte de mesures répressives consiste dans les nullités de contrats pour vice du consentement ou pour lésion exagérée. Ces nullités sanctionnent l'atteinte à la juste détermination de la valeur d'après l'estimation commune, lorsque la convention manque de liberté et que l'un des contractants abuse de la situation embarrassée de l'autre.

Pour déterminer et punir l'usure, des lois assez récentes, en Allemagne et en Autriche (1), ont posé le principe de la répression pénale contre l'exploitation du besoin d'autrui, de sa gêne, de sa faiblesse, de son inexpérience, etc., dans le contrat de crédit. C'est là un principe à retenir et à étendre dans la poursuite de l'injustice usuraire.

— Ce qui est d'une grande importance, c'est d'assurer la répression des abus de la spéculation moderne, de rendre pour cela nos lois plus efficaces et de les mettre mieux en rapport avec la situation présente.

Les spéculations coupables : accaparements, monopoles, réclames mensongères, concurrence déloyale sous toutes ses formes, ont pour caractère commun d'altérer l'estimation publique et éclairée de la communauté qui doit fixer la juste valeur. L'incrimination pénale de la spéculation devrait s'attacher à ce caractère, afin de devenir moins difficile. C'est ainsi qu'il y aurait lieu d'établir la règle absolue de la publicité de tout accord, de toute convention, de toute manœuvre destinés à restreindre ou modifier la concurence du marché, laquelle doit être un mode d'expression de l'estimation commune. La violation de cette règle de la publicité suffirait à la constatation des délits qui échappent aujourd'hui à notre article 419 du Code pénal

(1) Loi allemande du 24 mai 1880 et loi autrichienne du 28 mai 1881.

rendu presque illusoire par la jurisprudence interprétative. D'ailleurs la répression de la spéculation ne saurait être bien faite, si elle n'a le concours de l'organisation et de la juridiction professionnelles (1).

II.— *Réaction des réformes antiusuraires sur l'intérêt de l'argent*

Les deux catégories de réformes antiusuraires qui viennent d'être exposées ont une réaction sur le revenu de l'argent, parce qu'elles s'imposent à lui. Dans la mesure même de eur application elles purifient les profits du capital des deux causes de la plus-value injuste : l'exploitation des besoins des travailleurs, les spéculations contraires au bien commun.

Tout placement du capital dans la production, tout emploi de l'argent avec destination lucrative doit subir l'effet des réformes. Le calcul d'un profit moyen du capital qui sert d'appui aux combinaisons du système moderne d'appréciation de la valeur se trouve donc soumis à la même réaction. Ce n'est pas à dire que ce profit moyen devra toujours être diminué autant qu'on pourrait le croire, car le traitement plus équitable du travail et sa meilleure organisation sont destinés à augmenter le rendement de la production Mais, l'intérêt de l'argent est profondément influencé par les réformes, dans sa nature et dans son taux.

Les réformes pour la protection du travail ont une conséquence qu'il faut envisager fermement, c'est de rendre plus aléatoire le revenu des placements d'argent Les conventions garantissant un intérêt fixe se heurtent à plus d'obstacles, elles doivent céder non seulement devant les impossibilités matérielles et la ruine des entreprises, mais encore devant un droit plus fort, celui des travailleurs à leur juste rémunération.

(1) Sur ce sujet, voir notre brochure intitulée : *La concurrence déloyale, l'accaparement et l'organisation moderne du commerce et de l'industrie*, tirée de la Revue le *XXe siècle*. N^{os} d'août et décembre 1895.

Cette conséquence appelle au moins une brève explication. L'assurance des profits qui fait le fond de la promesse d'intérêts a deux sortes de garanties régulières, d'abord le droit de préférence sur les profits de l'entreprise jusqu'à concurrence du taux fixé, puis un fonds spécial d'assurance, formé par tout ou partie des biens des emprunteurs. Ces garanties de l'intérêt, la première surtout, peuvent être légitimement consenties. La convention d'intérêts reste cependant dangereuse et menaçante pour les droits du travail, en ce que les entrepreneurs, pour satisfaire à des obligations qui pèsent sur eux, quel que soit l'état de la production, sont incités à faire pression sur les travailleurs et à réduire leur rémunération à la dernière limite.

Il faut donc que la protection du travail soit d'autant plus fortement constituée. Il faudrait même davantage. Il découle en effet des principes qu'une entreprise ne doit payer, sous une forme quelconque, profit ou intérêt, une plus-value au capital qu'autant que les travailleurs employés retrouvent d'abord la juste valeur de leur activité dépensée. Cette règle devrait inspirer la législation du conflit entre l'intérêt du capital et le juste salaire du travail ; de telle façon que la suspension du paiement des intérêts pour conserver un certain *minimum* du salaire ne soit pas nécessairement une cause de faillite désorganisant des entreprises qui sont peut-être viables et en état de payer suffisamment des travailleurs. Il faudrait arriver à ôter de l'esprit public l'idée que l'intérêt de l'argent est un phénomène essentiel et une charge nécessaire de la production. Cet intérêt est acceptable, avons-nous dit, comme hypothèse servant de moyen de compte, comme présomption, mais rien de plus ; on doit prévoir et accepter que cette hypothèse, cette présomption, auront à s'effacer devant des règles de justice supérieures.

— Un résultat remarquable des réformes est de faciliter la libération des débiteurs et de rendre, autant qu'il est possible, l'intérêt de l'argent conforme à la vérité économique de la juste plus-value. Le crédit est mis à la portée des travailleurs au taux le plus réduit et sous ses formes les plus perfectionnées, il est proportionné à leurs moyens et à leur situation professionnelle. D'autre part la protection du travail et de la production, en maintenant, dans la mesure où il se peut, des prix rémunérateurs, permet aux travailleurs l'épargne et l'amortissement des capitaux d'emprunt. Les combinaisons de l'amortissement font envisager le prêt à intérêt sous un jour nouveau : la libération prend l'aspect d'une prestation limitée, d'une simple majoration de la valeur, en argent comptant, du capital. Ainsi compris, l'intérêt et son rôle pour la mesure de la valeur dans le crédit, sont d'accord avec la nature de la plus-value véritable. Cette plus-value, récompense de l'épargne et du progrès, nous l'avons vu, n'a qu'un temps, elle consiste en une certaine quantité de valeur, non en une quantité incommensurable. Grâce aux mêmes combinaisons, les travailleurs peuvent arriver plus aisément à la propriété du foyer et à celle de l'instrument de travail, échappant ainsi de plus en plus au paiement d'un revenu à l'argent d'autrui. De deux façons la pérennité de l'intérêt pesant sur les débiteurs doit céder devant les réformes : d'abord par la voie normale de la libération au moyen de l'épargne et de l'amortissement, puis par la réduction forcée qu'impose le conflit avec la juste valeur du travail.

On peut prévoir que les réformes conduiront vers un usage plus fréquent de contrats formels de société pour la remise du capital au travail et vers une application moindre des contrats d'intérêt. Mais, tant que la valeur sera appréciée en argent et que les affaires se traiteront sur la base du crédit, on verra inévitablement l'intérêt de l'argent servir comme un moyen de compte et de prévision pendant le délai de crédit. S'il est impossible de savoir quand et comment un changement radical dans le système de mesure de la valeur pourrait être introduit, on voit par quels moyens le système actuel sera replacé sous l'empire de la réalité et de la justice.

§ V

DROITS DU CAPITAL ET CAPITALISME

La conception du capital répond à des droits qui sont incontestables. En d'autres termes, la propriété des moyens de production peut être légitimement une source de plus-value, profits et revenus.

La doctrine socialiste nie ces droits du capital, elle soutient que toute plus-value tire son origine d'une spoliation des travailleurs.

Cette thèse est contraire à la vérité. Les droits du capital sur la plus value ont, en effet, deux fondements parfaitement justes dans l'ordre de la production, ce sont : l'action des forces naturelles appropriées suivant la mesure où le demande le bien social, le progrès de la production résultant du travail accumulé par l'épargne

Ces deux causes de plus-value ne sont, en aucune façon, spoliatrices des travailleurs. Pour le plus grand bien de la société, elles sont attachées à la propriété. Elles peuvent être transmises avec celle-ci, par conventions ou héritage, à d'autres que ceux qui ont constitué l'épargne.

Tels sont les justes titres du capital. Il appartient aux lois civiles de les reconnaître et de résoudre par des règles de droit positif les incertitudes et les obscurités du droit naturel dans son application aux faits.

Mais aussi les droits du capital ne doivent pas dépasser ses titres de légitimité. Il importe que le capital ne se fasse pas une plus-value injuste en dénaturant l'usage de la propriété, en exploitant le travail d'autrui.

Rien ne s'oppose à ce que, pour la facilité des échanges et du crédit, il soit reçu telles ou telles conventions concernant la représentation du capital par l'argent, pourvu qu'il n'en découle pas une altération de la nature morale du capital et une exagération de ses droits. Il n'y a pas à méconnaître les dangers d'abus du capital sous la forme-argent. Cependant l'usage de l'intérêt de l'argent s'impose tellement que l'on voit l'activité pratique des catholiques sociaux l'adopter dans les œuvres les plus hautement et unanimement louées de leur mouvement réformateur, telles que les fondations du crédit populaire et rural. Il est impossible de n'être pas frappé de faits semblables et de ne pas se préoccuper d'éviter, puisqu'il se peut, une incohérence de doctrine.

Ce qui est essentiel, c'est que le capital soit maintenu dans les bornes de ses droits légitimes, que les limites nécessaires soient établies solidement dans la législation, les institutions et les mœurs.

— *Le capitalisme* reçoit son nom de l'exagération des droits du capital. Il est le renversement, au nom du principe révolutionnaire de la souveraineté individuelle, des justes limites posées par la société aux droits du capital.

Le capitalisme est plus que l'abus du capital, il est une fausse doctrine sur le capital. Il confère au capital la liberté absolue, parce qu'il prétend que la liberté se suffit à elle-même dans l'ordre économique, que l'intérêt individuel a droit à sa libre manifestation, sans être réglé par la loi morale et sociale de la communauté de fin entre les hommes, n'étant soumis qu'aux lois de mécanique sociale du jeu des intérêts. Le capitalisme dénature le droit de domaine de l'homme sur les biens matériels, en effaçant sa destination dernière au bien commun ainsi que sa liaison avec la personne humaine active et responsable ; il dénature le droit aux profits, en lui donnant pour source, non la causalité de la production, mais la spéculation du marché. Avec raison, la doctrine chrétienne traditionnelle a fait voir cette fausse doctrine incarnée dans le principe du prêt à intérêt qui accorde au capitaliste le profit sans la charge de la propriété et qui mesure ce profit par la seule loi de l'offre et de la demande ; aussi l'usage de l'intérêt de l'argent ne peut-il être rendu admissible qu'en étant rattaché à une conception tout autre et profondément modifié dans son application. La prédominance de la forme-argent du capital est la note extérieure du capitalisme: dans ce déchainement de mercantilisme, les titres juridiques du profit de l'argent ne sont ni le travail, ni la propriété ; ce sont le droit à l'exploitation de l'homme par l'homme, le droit à la spéculation spoliatrice d'autrui.

La conscience et l'honneur n'invitent-ils pas à faire tous les efforts pour purifier le capital moderne de ces honteuses sources de la plus-value injuste, maintes fois dénoncées au cours de notre examen déjà long des droits du capital ? Ne peut-on convier à affranchir notre civilisation du *capitalisme* tous les hommes d'étude et les chefs d'industrie qui ont la foi en Dieu, *notre père*, auteur commun de la famille des hommes ?

BIBLIOTHÈQUE NATIONALE

TABLE DES MATIÈRES

CHAPITRE IV

CHAPITRE V

CHAPITRE VI

CHAPITRE VII

RF

Paris. — Imprimerie JEAN GAINCHE, 15, rue de Verneuil

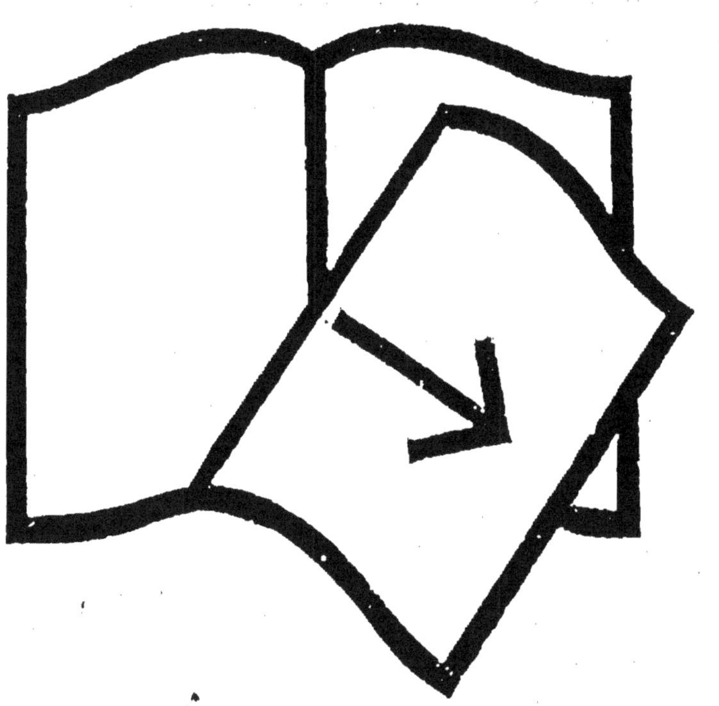

Documents manquants (pages, cahiers...)

NF Z 43-120-13

www.ingramcontent.com/pod-product-compliance
Ingram Content Group UK Ltd.
Pitfield, Milton Keynes, MK11 3LW, UK
UKHW020134220726
13923UKWH00001B/155